中国文化文学经典文丛

资治通鉴

【宋】司马光/著　边德明/编著　孙建军/主编

吉林文史出版社

图书在版编目（CIP）数据

资治通鉴 /（宋）司马光著 ; 边德明编著. — 长春: 吉林文史出版社, 2016.6（2024.6重印）
（中国文化文学经典文丛 / 孙建军主编）
ISBN 978-7-5472-3030-5

Ⅰ. ①资… Ⅱ. ①司… ②边… Ⅲ. ①中国历史－古代史－编年体②《资治通鉴》－译文③《资治通鉴》－注释 Ⅳ. ①K204.3

中国版本图书馆CIP数据核字(2016)第134609号

ZIZHI TONGJIAN
书　　名：资治通鉴

著　　者：（宋）司马光
主　　编：孙建军
编　　著：边德明
责任编辑：高冰若
封面设计：李　荣
出版发行：吉林文史出版社
地　　址：长春市福祉大路5788号
邮　　编：130117
电　　话：0431-81629352
网　　址：www.jlws.com.cn
印　　刷：三河市燕春印务有限公司
开　　本：920mm×1280mm　1/16
印　　张：30
字　　数：380千字
版　　次：2016年12月第1版　2024年6月第5次印刷
书　　号：ISBN 978-7-5472-3030-5

定　　价：78.00元

前　　言

《资治通鉴》是北宋著名史学家、政治家司马光(1019—1086)编纂的一部规模空前的编年体通史巨著。记载了上起周威烈王二十三年（公元前403年），下迄后周显德六年（959年），前后共一千三百六十二年。全书按朝代分为十六纪。

《资治通鉴》书名的由来，就是宋神宗认为该书“鉴于往事，有资于治道”，而钦赐此名的。由此可见，《资治通鉴》的得名，既是史家治史以资政自觉意识增强的表现，也是封建帝王利用史学为政治服务自觉意识增强的表现。

《资治通鉴》是一部编年体的通史，按时间先后顺序叙述史事，往往用追叙和终言的手法，说明史事的前因后果，容易使人得到系统而明晰的印象。它以政治、军事史实为主要内容，借以展示历代君臣治乱、成败、安危之迹，作为历史的借鉴。

司马光的《资治通鉴》与司马迁的《史记》并列为中国史学的不朽巨著，所谓“史学两司马”。

清代顾炎武在《日知录·著书之难》中高度评价《资治通鉴》和马端临的《文献通考》，称赞这两部著作“皆以一生精力成之，遂为后世不可无之书”。

由于篇幅有限，本书节选部分章节原汁原味地呈现给读者。

目　录

周　纪

秦　纪

汉 纪

晋 纪

宋 纪

唐 纪

周　纪

三家分晋

【原文】

周威烈王二十三年（公元前403年）初命晋大夫魏斯、赵籍、韩虔为诸侯。

今晋大夫暴蔑其君，剖分晋国，天子既不能讨，又宠秩之，使列于诸侯，是区区之名分复不能守而并弃之也。先王之礼于斯尽矣！

或者以为当是之时，周室微弱，三晋强盛，虽欲勿许，其可得乎！是大不然。夫三晋虽强，苟不顾天下之诛而犯义侵礼，则不请于天子而自立矣。不请于天子而自立，则为悖逆之臣，天下苟有桓、文之君，必奉礼义而征之。

周威烈王姬午分封晋国大夫魏斯、赵籍、韩虔为诸侯国君。

今请于天子而天子许之，是受天子之命而为诸侯也，谁得而讨之！故三晋之列于诸侯，非三晋之坏礼，乃天子自坏之也。

【注释】

周威烈王：亦称周威王，名午，周考王之子，公元前425年—前402年在位。

初命晋大夫魏斯、赵籍、韩虔为诸侯：魏的祖先与周同姓，其苗裔始封于魏，到了魏舒，开始为晋正卿，历经三世传到魏斯这一代。赵的祖先为造父后，到了赵盾这一代开始为晋正卿。韩的祖先出于周武王，到了韩虔这一代六世皆为晋正卿。魏、赵、韩三家几代既是晋大夫，又是周的陪臣。周朝已经衰败，一个称霸的大国——晋国国君作为盟主，应“以尊王室”，所以周朝封晋国国君为伯。魏斯、赵籍、韩虔三卿三分晋国，按照此时周朝的王法是当诛杀的。而此时，周威烈王不但不诛杀他们，反而分封这三家为诸侯，是鼓励褒奖犯奸乱臣。所以，胡三省作注说：“通鉴始于此，其所以谨名分欤！”

坏：毁；自怀，自毁。

【译文】

周威烈王二十三年周威烈王姬午首次分封晋国大夫魏斯、赵籍、韩虔为诸侯国君。

这时晋国的三家大夫欺凌藐视国君，瓜分了晋国，作为天子的周王不仅不派兵征讨，反而还对他们加封赐爵，使他们列位于诸侯国君之中，这样做的结果，导致周王朝仅有的一点名分也不能再守定，而全部放弃了。周朝先王创下的礼教到此丧失殆尽！

有人认为当时周王室已经衰微了，而晋国三家强盛起来，就算周王不想承认他们，又怎么能做得到呢！这种说法是完全错误的。晋国三家虽然强悍，但如果他们打算不顾天下的指责公然侵犯礼义的话，就不会来请求周天子的批准，而是去自立为君了。不向天子请封而自立为国君，那就是叛逆之臣，天下如果有像齐桓公、晋文公那样的贤德诸侯，一定会尊奉周朝的礼义对他们进行征讨。现在晋国三家向天子请封，天子又批准了，他们就是奉天子之命而成为诸侯的，谁又能对他们加以讨伐呢！所以，晋国三家大夫僭位成为诸侯，不是晋国三家破坏了礼教，而是周天子自己毁坏了周朝的礼教啊！

【原文】

初，智宣子将以瑶为后。智果曰："不如宵也。瑶之贤于人者五，其不逮者一也。美鬓长大则贤，射御足力则贤，伎艺毕给则贤，巧文辩慧则贤，强毅果敢则贤；如是而甚不仁。夫以其五贤陵人而以不仁行之，其谁能待之？若果立瑶也，智宗必灭。"弗听，智果别族于太史，为辅氏。赵简子之子，长曰伯鲁，幼曰无恤。将置后，不知所立，乃书训戒之辞于二简，以授二子曰："谨识之！"三年而问之，伯鲁不能举其辞；求其简，已失之矣。问无恤，诵其辞甚习；求其简，出诸袖中而奏之。于是简子以无恤为贤，立以为后。

【注释】

瑶：即荀瑶，又称知襄子、知瑶（智瑶），后世多称知伯（智伯）、知伯瑶（智伯瑶），由于智氏出于荀氏，故《左传》又称之荀瑶。姬姓，知（智）氏。中国春秋时期晋国卿大夫，智氏家族领主，于公元前475年在晋国执政，此后欲灭同列卿位的赵、魏、韩三家并取代晋国。公元前455年，智氏与魏、韩共同对赵氏发动晋阳之战。此后赵襄子派人向魏、韩陈说利害，魏、韩因而与赵氏联合反攻智氏，智伯被赵襄子擒杀，智氏就此衰落。

美鬓：通鉴俗传写者多作"美须"。胡三省注作

“美鬓”。

别族：从智氏宗族分出，另立族姓。

【译文】

当初，智宣子准备立智伯为继承人，族人智果说：“立智伯不如立智宵好。因为智伯比别人贤能的地方有五点，不如别人的地方有一点。他留有美髯，身材高大，是一贤；擅长射箭，驾车有力，是二贤；技能出众，才艺超群，是三贤；巧言善辩，文辞优美，是四贤；坚强刚毅，果断勇敢，是五贤。虽然他有如此的贤能，但唯独没有仁德之心。如果他运用这五种贤能去驾驭别人，而用不仁之心去做恶事，谁能拥戴他呢？如果立智伯为继承人，智氏宗族必定要遭灭门之灾。”智宣子不听智果的劝告。智果为了避灾，便向太史请求脱离智族姓氏，另立为辅氏。

赵国大夫赵简子的大儿子叫伯鲁，小儿子叫无恤。赵简子将要确立继承人，却不知道立哪一个更好，于是他把日常训诫之言刻写在两块竹简上，分别交给两个儿子，并嘱咐道："用心记住上面的这些话！"过了三年，赵简子叫来两个儿子，问他们竹简上的内容，大儿子伯鲁说不出来；让他拿出竹简，却早已丢失了。赵简子又问小儿子无恤，无恤熟练地将竹简上的话背出来；问他竹简在哪儿，他立即从袖中取出来奉上。通过这件事，赵简子认为无恤贤能，便立他为继承人。

【原文】

简子使尹铎为晋阳，请曰："以为茧丝呼？抑为保障乎？"简子曰："保障哉！"尹铎损其户数。简子谓无恤曰："晋国有难，而无以尹铎为少，无以晋阳为远，必以为归。"

及智宣子卒，智襄子为政，与韩康子、魏桓子宴于蓝台。智伯戏康子而侮段规。智国闻之，谏曰："主不备难，难必至矣！”智伯曰：“难将由我。我不为难，谁敢兴之！”对曰：“不然。《夏书》有之曰：‘一人三失，怨岂在明，不见是图。’夫君子能勤小物，故无大患。今主一宴而耻人之君相，又弗备，曰‘不敢兴难’，无乃不可乎！蚋、蚁、蜂、虿，皆能害人，况君相乎！”弗听。

【注释】

茧丝：指敛取人民的财物像抽丝一样，不抽尽就不停止。

保障：指待民宽厚、少敛取财物，犹如筑堡为屏障一样。

智伯：或作“知伯”。

三：多的意思。

虿：蛇、蝎类的毒虫的古称。

【译文】

赵简子派尹铎去治理晋阳，尹铎请示说："您是打算让我去抽丝剥茧般地搜刮财富呢，还是去爱护那里的人民把那里建为一道使国家安全的屏障呢？"赵简子说："建为一道使国家安全的屏障。"尹铎到了晋阳，便去整理户籍，减少交税的户数，减轻百姓的负担。

赵简子对儿子无恤说："晋国如果有祸乱，你不要嫌尹铎的地位低，不要怕晋阳路途遥远，一定要以他那里作为依靠。"

智宣子去世后，智伯继位执掌国政，一天，他与韩康子、魏桓子在蓝台饮宴。宴席间，智伯戏弄韩康子，又羞辱了他的国相段规。智伯的家臣智国听说此事，便劝谏道："主公，您不加提防，灾祸就一定会降临啊！”智伯说：“别人的生死祸福都取决于我。我不给他们降灾祸就算不错了，谁还敢威胁我！”智国说：“并不像您所说的那样。《夏书》上有这样的话说：‘一个人多次犯错误，结下的仇怨岂能在明处，应该在它没有表现出来时就谨慎提防。’贤德的人只有在小事上谨慎戒备，才能避免招来大祸。现在主公在一次宴会上就得罪了人家的国君和国相，事后又不加戒备，还说：‘谁敢对我兴风作浪！’没有什么是不可能的，蚊子、蚂蚁、蜜蜂、蝎子是小虫子，却都能害人，何况是国君、国相呢！”智伯不听。

【原文】

智伯请地于韩康子，康子欲弗与。段规曰：“智伯好利而愎，不与，将伐我；不如与之。

彼狃于得地，必请于他人；他人不与，必向之以兵，然后我得免于患而待事之变矣。”康子曰：“善。”使使者致万家之邑于智伯。智伯悦。又求地于魏桓子，桓子欲弗与。任章曰："何故弗与？"桓子曰："无故索地，故弗与。"任章曰："无故索地，诸大夫必惧；吾与之地，智伯必骄。彼骄而轻敌，此惧而相亲；以相亲之兵待轻敌之人，智氏之命必不长矣。《周书》曰：'将欲败之，必姑辅之。将欲取之，必姑与之。'主不如与之，以骄智伯，然后可以择交而图智氏矣，奈何独以吾为智氏质乎！"桓子曰："善。"复与之万家之邑一。

【注释】

请：求，要求。韩康子：名虎。晋六卿之一。

狃：因袭，拘泥。

向之以兵：对他使用武力。

后：有的版本"后"作"则"。

魏桓子：名驹。晋六卿之一。

此：指"诸大夫"。相亲：互相团结。

《周书》：此书已佚。

败：击败，打败。姑：暂且。

骄智伯：使智伯骄。

择交：选择联盟。图：谋。

奈何：为什么。质：箭靶子，目标。

【译文】

智伯逼韩康子割地，韩康子不想给他。段规说：“智伯好利又任性，如果不给，他就会讨伐我们；不如答应他。他得到了土地会更加狂妄，一定会再向别人索要；别人不给，他必定会向对方实施武力，这样我们就可以免于祸患而等待事态的变化了。”韩康子说：“好。”于是派使者把一处有万户人家的城邑送给智伯。智伯很高兴。

他又向魏桓子索取土地，魏桓子想不给。任章说：“为什么不给呢？”魏桓子说：“无段规劝说韩康子割地给智伯。

故索取土地，所以不给。”任章说：“智伯无故索取土地，各个大夫必然恐惧；我们给了土地，智伯必然更加骄傲。他这样就会轻敌，我们这边因恐惧就会相互团结起来；用团结的军队来攻打轻敌的智伯，智氏的命数长不了了！《周书》上说：‘想要打败它，一定要暂且帮助它。想要得到它，一定要暂时给予它。’主公不如先答应智伯的要求，以助长他的骄横，然后我们可以选择盟友共同对付智氏，又何必我们一家现在去激怒他遭受出头鸟的打击呢！”魏桓子说：“好。”于是也把一块万户人口的土地割让给智伯。

【原文】

智伯又求蔡、皋狼之地于赵襄子a，襄子弗与。智伯怒，帅韩、魏之甲以攻赵氏。襄子将出，曰：“吾何走乎？”从者曰："长子近，且城厚完。"襄子曰："民罢力以完之，又毙死以守之，其谁与我！"从者曰："邯郸之仓库实。"襄子曰："浚民之膏泽以实之，又因而杀之，其谁与我！其晋阳乎，先主之所属也，尹铎之所宽也，民必和矣。"乃走晋阳。

【注释】

蔡：公元前447年，楚已灭蔡。"蔡"，当作"蔺"蔺：故城在今山西离石县西。

皋狼：故城在离石县西北。

赵襄子：名无恤。晋六卿之一。

长子：今山西长子县。完：完整。

罢力：精疲力竭。罢：通"疲"。

毙死以守之：即以死守之。毙，死。

仓：藏谷之处。库：古时国家藏宝物、车马、兵甲之处。

浚：榨取。

其晋阳乎：还是去晋阳吧。其，表决定的语气。

先主：指襄子之父赵简子。属：叮嘱。

尹铎之所宽也：尹铎在晋阳待民宽厚。

和：响应，拥护。

【译文】

智伯又向赵襄子要求割让蔡、皋狼两个地方。赵襄子拒绝了他。

智伯大怒，遂率韩、魏两家的兵马一起去攻打赵氏。赵襄子准备逃跑，问道："我到哪里去呢？"随从的人说："长子城离这里近，而且城墙坚厚完整。"赵襄子说："百姓用尽了气力才修好城墙，现在又要他们舍生入死地为我坚守，这时候谁能和我同心！"随从的人说："邯郸城里的仓库充实，可以到那里去。"赵襄子说："从老百姓那里搜刮粮食来充实仓库，又要使他们受战争之灾，有谁会来支持我！

还是投奔晋阳去吧，那是先主嘱托过的地方，尹铎又待民宽厚，城里的百姓一定会和我们同舟共济的。”于是前往晋阳。

【原文】

三家以国人围而灌之，城不浸者三版；沉灶产蛙，民无叛意。智伯行水，魏桓子御，韩康子骖乘。智伯曰：“吾乃今知水可以亡人国也。”桓子肘康子，康子履桓子之跗，以汾水可以灌安邑，绛水可以灌平阳也。疵谓智伯曰：“韩、魏必反矣。”智伯曰：“子何以知之？”

疵曰：“以人事知之。夫从韩、魏之兵以攻赵，赵亡，难必及韩、魏矣。今约胜赵而三分其地，赵襄子前往晋阳。城不没者三版，人马相食，城降有日，而二子无喜志，有忧色，是非反而何？”

明日，智伯以疵之言告二子，二子曰：“此夫谗人欲为赵氏游说，使主疑于二家而懈于攻赵氏也。不然，夫二家岂不利朝夕分赵氏之田，而欲为危难不可成之事乎！”二子出，疵入曰：“主何以臣之言告二子也？”智伯曰：“子何以知之？”对曰：“臣见其视臣端而趋疾，知臣得其情故也。”智伯不悛。疵请使于齐。

【注释】

行水：察看水势。行，巡视、视察。

魏桓子御，韩康子骖乘：魏桓子在前居中驾车，韩康子在后为陪乘。

骖（cān）乘：又作“参乘”，陪乘或陪乘的人。

肘：用肘触。此用作动词。

履：踩。跗（fū）：脚。魏桓子、韩康子不敢明言，双方以肘、足相触，暗通其意。

汾水可以灌安邑，绛水可以灌平阳：“汾水”、“绛水”，当互易。汾水，流经平阳。平阳，韩康子邑，故城在今山西临汾县南。绛水，即涑水，流经安邑。安邑，魏桓子邑，故城在今山西夏县西北。

疵：晋之公族。

从：率领。

有日：指日可待。

志：意。

非反而何：不是背叛又是什么。而，则。

视臣端：眼睛直勾勾地看着我发愣。趋疾：很快就走过去了。

悛：悔改。

疵请使于齐：疵因不被智伯信任，故请求使齐以避祸。

【译文】

智伯、韩康子、魏桓子三家围住晋阳，并引晋水灌城，城墙没有被水浸没的地方只有三版；城中百姓的锅灶泡在水中，青蛙四处乱跳，但百姓都没有叛变的念头。一天，智伯巡视水势，魏桓子为他驾车，韩康子站在右边护卫。智伯说，“我今天才知道水可以让人亡国啊！”听到这话，魏桓子用臂肘碰了一下韩康子，韩康子也会意地踩了一下魏桓子的脚背，因为用汾水可以灌魏国都城安邑，用绛水可以灌韩国都城平阳。事后，智家的谋士疵对智伯说：“韩魏两家一定要反叛了！”智伯说：“你是怎么知道的？”疵说：“这是以人的常理推断出来的。我们联合韩、魏两家的军队攻打赵氏，一旦赵氏灭亡，随后灾难必然会降临到韩、魏两家。现在我们约定灭掉赵家后三家分割其地，晋阳城只剩三版没有淹没，城内宰马为食，指日就会降服。然而韩、魏二子并不欣喜，反倒面有忧色，这不是想反叛又是什么？”第二天，智伯把疵的话告诉了韩康子、魏桓子二人，二人说：“这一定是离间小人要替赵氏游说，使主公您对我们韩、魏二家产生怀疑而放松对赵氏的进攻。不然的话，我们二家难道对眼前就可分得的赵氏土地不感兴趣，反要去干那危险万分必不可成的事情吗？”二人出去了，疵进来说：“主公为什么把臣下的话告诉他们二人呢？”智伯惊奇地反问道：“你怎么知道的？”疵回答说：“我见他们神色慌张地看了我一眼就匆忙离去，因为他们知道我看穿了他们的心思，所以会有这种表现。”智伯仍不悔悟。于是疵请求让他出使齐国，以避大祸。

【原文】

赵襄子使张孟谈潜出见二子，曰：“臣闻唇亡则齿寒。今智伯帅韩、魏以攻赵，赵亡则韩、魏为之次矣。”二子曰：“我心知其然也；恐事未遂而谋泄，则祸立至矣。”张孟谈曰：“谋出二主之口，入臣之耳，何伤也！”二子乃潜与张孟谈约，为之期日而遣之。襄子夜使人杀守堤之吏，而决水灌智伯军。智伯军救水而乱，韩、魏翼而击之，襄子将卒犯其前，大败智伯之众，遂杀智伯，尽灭智氏之族。唯辅果在。

【注释】

张孟谈：赵襄子家臣。潜：秘密。

唇亡则齿寒：古谚语。见《左传》僖公五年传。

遂：成。

立：必定。

期日：约定日期。遣之：送回张孟谈。

翼而击之：左右夹击。

将：带领。犯：进攻。

灭智氏之族：将智氏族人全部诛灭。

辅果：即智果。因不被智伯信任，乃从智氏家族分出，另立门户，姓辅氏。

【译文】

赵襄子派张孟谈秘密出城去见韩、魏二子，对二人说："臣听说唇亡则齿寒。现在智伯率领韩、魏两家来围攻赵家，赵氏灭亡以后，就该轮到你们两家了。"韩康子、魏桓子二人说："我们也知道会这样，只是怕事情还未发动，计谋就泄露出去，那样就要大祸临头了。"张孟谈道："计谋出自二位主公之口，只有我一人听见，有什么可担心的呢？"于是韩、魏二人便秘密地和张孟谈商议，约定好起事的日子便送他回城了。这天夜里，赵襄子派人出城杀了智氏守堤的官吏，使大水决口倒灌智伯军营。智伯的军队为救水淹，顿时乱作一团，韩、魏两军乘机从两侧出击，赵襄子率领士卒从正面杀过去，大败智伯军，趁势杀死智伯，又将智家族人尽行诛灭。只有智果一家因改姓辅氏得以幸免。

【原文】

臣光曰：智伯之亡也，才胜德也。夫才与德异，而世俗莫之能辨，通谓之贤，此其所以失人也。夫聪察强毅之谓才，正直中和之谓德。才者，德之资也；德者，才之帅也。云梦之竹，天下之劲也；然而不矫揉，不羽括，则不能以入坚。棠谿之金，天下之利也；然而不镕范，不砥砺，则不能以击强。是故才德全尽谓之“圣人”，才德兼亡谓之“愚人”；德胜才谓之“君子”，才胜德谓之“小人”。凡取人之术，苟不得圣人、君子而与之，与其得小人，不若得愚人。

何则？君子挟才以为善，小人挟才以为恶。挟才以为善者，善无不至矣；挟才以为恶者，恶亦无不至矣。愚者虽欲为不善，智不能周，力不能胜，譬如乳狗搏人，人得而制之。小人智足以遂其奸，勇足以决其暴，是虎而翼者也，其为害岂不多哉！夫德者人之所严，而才者人之所爱；爱者易亲，严者易疏，是以察者多蔽于才而遗于德。自古昔以来，国之乱臣，家之败子，才有余而德不足，以至于颠覆者多矣，岂特智伯哉！故为国为家者苟能审于才德之分而知所先后，又何失人之足患哉！

【注释】

矫揉：矫正；整饬。矫，使曲的变直；揉，使直的变曲。

羽括：锻炼，磨砺。《孔子家语·子路初见》：“括而羽之，镞而砺之，其入之不亦深乎！”括，箭的末端。

【译文】

臣司马光认为：智伯的灭亡，在于他才胜过德。才与德是不同的，而世俗之人往往把二者智伯、韩康子、魏桓子三家引水灌晋阳城。

分辨不清，把二者一概而论，认为是贤明，于是就看错了人。所谓才，是指聪明、明察、刚强、坚毅；所谓德，是指正直、公道、平和待人。才，是德的辅助；德，是才的统帅。云梦地方的竹子，天下都称为刚劲，然而如果不矫正其曲，不配上羽毛箭镞，就不能成为利箭穿透坚物。

豁棠地方出产的金属，是天下最尖锐的，然而如果不经熔烧铸造，不锻打出锋，就不能作为兵器击穿硬甲。所以，德才兼备的人才能称之为“圣人”；无德无才的人称之为“愚人”；德胜过才的人称之为“君子”；才胜过德的人称之为“小人”。选取人才的方法，如果找不到圣人、君子而委任，与其选择小人，不如选择愚人。为什么这样说呢？因为君子持有才干是把它用到善事上；而小人持有才干是用来作恶的。持有才干做善事的人，能处处行善；而凭借才干作恶的人，无恶不作了。愚人即使想作恶，因为智慧不济，能力不胜任，就好像小狗扑人，人还能制服它。而小人却有足够的阴谋诡计来发挥邪恶，又有足够的能力来逞凶施暴，智慧对他来说就如给恶虎添了翅膀，危害之大可想而知了！有德的人令人尊敬，有才能的人让人喜爱；对喜爱的人容易宠信专任，对尊敬的人容易疏远，所以察选人才者经常被人的才干所蒙蔽而忘了考察他的品德。自古至今，国家的乱臣奸佞，家族的败家浪子，因为才能有余而德行不足，导致家国覆亡的多了，又岂止智伯一个人呢！所以，治国治家的人如果能审察才与德两种不同的标准，知道选择的先后顺序，又何患失去人才呢！

【原文】

三家分智氏之田。赵襄子漆智伯之头，以为饮器。智伯之臣豫让欲为之报仇，乃诈为刑人，挟匕首，入襄子宫中涂厕。襄子如厕心动，索之，获豫让。左右欲杀之，襄子曰：“智伯死无后，而此人欲为报仇，真义士也，吾谨避之耳。”乃舍之。豫让又漆身为癞，吞炭为哑。行乞于市，其妻不识也。行见其友，其友识之，为之泣曰：“以子之才，臣事赵孟，必得近幸。子乃为所欲为，顾不易邪？何乃自苦如此？求以报仇，不亦难乎！”豫让曰：“既已委质为臣，而又求杀之，是二心也。凡吾所为者，极难耳。然所以为此者，将以愧天下后世之为人臣怀二心者也。”襄子出，豫让伏于桥下。襄子至桥，马惊；索之，得豫让，遂杀之。

【注释】

三家：指原来晋国的韩、赵、魏三家。周威烈王二十三年（公元前403年），韩、赵、魏三家共同出兵消灭了智氏，周天子只好承认三家的诸侯地位。自此，中国的历史进入了战国时代。这段故事是在周威烈王二十三年之前发生的，司马光在这里追述魏、赵、韩分晋之前的故事，用以阐述自己基木的历史观。

漆：名词作动词，用漆涂到物体上。

委质：臣服、归附。

【译文】

韩、赵、魏三家分了智氏的田地。赵襄子还把智伯的头颅涂上漆，当作自己的饮酒器具。智伯的家臣豫让想为主公报仇，就假扮为受过刑罚做苦工的人，怀揣匕首，混进赵襄子宫中打扫厕所。赵襄子在上厕所的时候，心里忽然感到一阵不安，就下令搜查，抓获了豫让。赵襄子的左右随从都想杀死豫让，赵襄子却说："智伯死了，又没有什么后人，而此人还要为他报仇，真是一个义士，我小心躲避他就好了。"赵襄子杀死智伯。

然后把豫让释放了。豫让又把自己的全身涂上漆，好像得了癞病一般，还吞下火炭使声音变得嘶哑。他在集市上乞讨，就连他的结发妻子见面也认不出来。豫让走到一位朋友面前，朋友认出他后大吃一惊，流着泪对他说：“以你的才干，如果投靠赵家，一定会得到重用，那时会有机会接近他。到时候你想做什么，还不是易如反掌吗？何苦自残形体以至于此呢？用这种方式来报仇，不是太难了吗？”豫让说：“如果我已经委身做赵家的臣子，而又找机会去刺杀他，这是对他怀有二心。我也知道现在这种做法，要报仇是极困难的。然而之所以还要这样做，是要后世那些为人臣子而心怀不忠的人感到羞愧。”有一天，赵襄子乘车出行，豫让就埋伏在他必经的桥下。赵襄子到了桥前，所骑的马突然受惊；于是下令搜索，捕获豫让，就杀了他。

【原文】

襄子为伯鲁之不立也，有子五人，不肯置后。封伯鲁之子于代，曰代成君，早卒；立其子浣为赵氏后。襄子卒，弟桓子逐浣而自立；一年卒。

赵氏之人曰："桓子立非襄主意。"乃共杀其子，复迎浣而立之，是为献子。献子生籍，是为烈侯。魏斯者，魏桓子之孙也，是为文侯。韩康子生武子；武子生虔，是为景侯。

韩借师于魏以伐赵，文侯曰："寡人与赵，兄弟也，不敢闻命。"赵借师于魏以伐韩，文侯应之亦然。二国皆怒而去。已而知文侯以讲于己也，皆朝于魏。魏于是始大于三晋，诸侯莫能与之争。

【注释】

魏斯：即魏文侯，中国战国时期魏国的建立者。姬姓，魏氏，名斯，一曰都。公元前445年，继魏桓子即位。他在位时礼贤下士，师事儒门子弟子夏、田子方、段干木等人，任用李悝、翟璜为相，乐羊、吴起为将。这些出身于小贵族或平民的士人开始在政治、军事方面发挥作用，标志着世族政治开始为官僚政治所代替。

讲：和解。

诸侯莫能与之争：晋在春秋时代是举足轻重的强国，三分之后，魏国是晋国的主要继承者。战国初年，魏文侯、魏武侯时期，魏国是七国中的强国。

【译文】

赵襄子因为赵简子没有立哥哥伯鲁为继承人，自己虽然有五个儿子，也不肯立为继承人。

他封赵伯鲁的儿子于代国，称代成君，代成君早逝；又立其子赵浣为赵家的继承人。赵襄子死后，弟弟赵桓子驱逐了赵浣自立为国君；继位一年也死了。赵家的族人说："赵桓子做国君本来就不是赵襄子的主意。"大家一起杀死了赵桓子的儿子，再次迎回了赵浣，拥立为国君，即赵献子。赵献子生子名赵籍，就是赵烈侯。魏斯，是魏桓子的孙子，就是魏文侯。韩康子生子名韩武子；武子又生韩虔，被封为韩景侯。

韩国向魏国借兵攻打赵国，魏文侯说："我和赵国情同手足，我不能答应你。"赵国向魏国借兵攻击韩国，魏文侯也用同样的话拒绝了。韩、赵两国使者都怒气冲冲地离去。事后，两国得知魏文侯的外交政策，是为了使两国和解，于是都开始向魏国朝贡。魏国于是开始成为魏、赵、韩三国之首，其他诸侯国都不能跟它争锋。

围魏救赵

【原文】

周显王十六年（戊辰，公元前353年）初，孙膑与庞涓俱学兵法，庞涓仕魏为将军，自以能不及孙膑，乃召之；至，则以法刑断其两足而黥之，欲使终身废弃。齐使者至魏，孙膑以刑徒阴见，说齐使者；齐使者窃载与之齐。田忌善而客待之，进于威王。威王问兵法，遂以为师。于是威王谋救赵，以孙膑为将；辞以刑余之人不可，乃以田忌为将而孙子为师，居辎车中，坐为计谋。

【注释】

以法：按法律。这里指假借罪名。刑：施行刑罚。黥：即墨刑。在脸上刺字的一种刑罚。

阴：暗中。

说：用话劝说。

以为师：即以之为师。把他尊为老师。

辎车：带有帷盖的车子。

【译文】

周显王十六年（戊辰，公元前353年）当初，孙膑与庞涓一起学兵法，庞涓到魏国做将军，他知道自己的才能不如孙膑，便召孙膑来魏国；孙膑刚到魏国，庞涓就设计依法砍断了孙膑的双脚，在脸上刺字，想使他终身成为废人。齐国使者来到魏国，孙膑以受刑待罪人的身份暗中与他相见，说动了齐国的使者，齐使偷偷地把孙膑藏在车中带回了齐国。齐国大臣田忌把孙膑奉为座上客，又推荐给齐威王。威王向他请教兵法，于是请他当老师。这时齐威王想出兵援救赵国，便任命孙膑为大将，孙膑以自己是个受过刑的人坚决推辞，齐威王便以田忌为大将、孙膑为军师，让他坐在帘车里，为田忌出谋划策。

【原文】

田忌欲引兵之赵。孙子曰："夫解杂乱纷纠者不控拳，救斗者不搏撠，批亢捣虚，形格势禁，则自为解耳。今梁、赵相攻，轻兵锐卒必竭于外，老弱疲于内；子不若引兵疾走魏都，据其街路，冲其方虚，彼必释赵以自救：是我一举解赵之围而收弊于魏也。"田忌从之。十月，邯郸降魏。魏师还，与齐战于桂陵，魏师大败。

【注释】

杂乱纷纠：事情好像纠缠在一起的乱丝，没有头绪。控拳：不能紧握拳头。控，控制，操纵，引申为握掌。

批亢捣虚：撇开敌人充实的地方，冲击敌人空虚的地方。批，排除、撇开。亢，充满。

形格势禁：（敌人）局势发生了被阻遏的变化，对原来的进攻计划必然有所顾忌。格，被阻遏。禁，顾忌。

方虚：正当空虚处。

【译文】

田忌将要率兵前往赵国，孙膑说："排解两方的争斗，不能用拳脚将他们打开，更不能上手帮着一方打另一方，只能因势利导，乘虚而入，紧张的形势受到阻禁，自然就解除了。如今梁、赵两国攻战正激烈，精兵锐卒倾巢而出，国中只剩下老弱病残；您不如率军突袭魏国都城，占据交通要道，冲击他们空虚的后方，魏军一定会放弃攻赵而回兵救援；这样我们一举两得，既解了赵国之围，又给魏国以打击。"田忌听从了孙膑的计策。十月，赵国的邯郸城投降了魏国。

魏军又急忙还师援救都城，在桂陵与齐国军队发生激战，结果魏军大败。

【原文】

魏庞涓伐韩。韩请救于齐。齐威王召大臣而谋曰："蚤救孰与晚救？"成侯曰："不如勿救。"田忌曰："弗救则韩且折而入于魏，不如蚤救之。"孙膑曰："夫韩、魏之兵未弊而救之，是吾代韩受魏之兵，顾反听命于韩也。且魏有破国之志，韩见亡，必东面而愬于齐矣。吾因深结韩之亲而晚承魏之弊，则可受重利而得尊名也。"王曰："善。"乃阴许韩使而遣之。韩因恃齐，五战不胜，而东委国于齐。

【注释】

韩请救于齐：据《田敬仲完世家》，马陵之役起因于魏伐赵，赵与韩共击魏，赵不利，韩求救于齐。

与此说异。

蚤：同“早”。

弗：不。

【译文】

魏国庞涓率军攻打韩国。韩国派使者向齐国求救。齐威王召集大臣商议说：“是早救好呢，还是晚救好呢？”成侯邹忌建议：“不如不救。”田忌不同意，说：“我们坐视不管，韩国很快就会灭亡，被魏国吞并。还是早些出兵救援为好。”孙膑却说：“如今韩国、魏国的军队士气正是旺盛的时候，我们前去救援，其实是我们代替韩国承受魏国的打击，反而听命于韩国了。这次魏国有吞并韩国的野心，等到韩国感到亡国已经迫在眉睫时，一定会向东再来恳求齐国，那时我们再发兵，一来可以加深与韩国的亲密关系，二来则可以趁魏国军队疲弊之时给以痛击，这正是一举两得，名利双收。”齐威王说：“说得好！”于是暗中答应韩国使臣，让他先回去，却迟迟不出兵。韩国自以为有齐国来援救，便奋力抵抗，但经过五次大战都大败而归，只好把国家的命运寄托在东方齐国身上。

【原文】

齐因起兵，使田忌、田婴、田盼将之，孙子为师，以救韩，直走魏都。庞涓闻之，去韩而归。魏人大发兵，以太子申为将，以御齐师。孙子谓田忌曰：“彼三晋之兵素悍勇而轻齐，齐号为怯。善战者因其势而利导之。《兵法》：‘百里而趣利者蹶上将，五十里而趣利者军半至。’”乃使齐军入魏地为十万灶，明日为五万灶，又明日为二万灶。庞涓行三日，大喜曰：“我固知齐军怯，入吾地三日，士卒亡者过半矣！”乃弃其步军，与其轻锐倍日并行逐之。孙子度其行，暮当至马陵，马陵道狭而旁多阻隘，可伏兵，乃斫大树，白而书之曰：

“庞涓死此树下！”于是令齐师善射者万弩夹道而伏，期日暮见火举而俱发。庞涓果夜到斫木下，见白书，以火烛之，读未毕，万弩俱发，魏师大乱相失。庞涓自知智穷兵败，乃自刭，曰：“遂成竖子之名！”齐因乘胜大破魏师，虏太子申。

【注释】

三晋之兵：这里指魏国的士兵。春秋末年，韩、赵、魏三家分晋，史称三晋。

因其势而利导之：是说既然魏兵素轻齐兵，不妨假装示之以怯，顺应魏兵认为齐兵胆怯的思想，让齐兵伪装胆怯逃亡，目的是诱导魏军深入。

趣利：趣，同“趋”。是速进争利之义，利指会战的先机之利，即先敌到达会战地点，取得战势之便。蹶：受挫折，折损。“上将”，即上将军，战国以来，上将军是最高的军事统帅。

五十里而趣利者军半至：今本《孙子·军争》

述军争之法曰："是故卷甲而趋，日夜不除，倍道兼行，百里而争利，则擒三将军，劲者先，疲者后，其法十一而至；五十里而争利，则蹶上将军，其法半至；三十里而争利，则三分之二至。"这里讲述的是蹶上将于五十里而争利，与此不同。这段话的意思是说两军争利，距离愈长，速度愈快，愈难保持行军动作的协调一致，掉队的人愈多。

又明日为二万灶：孙膑为了迷惑魏军，故意仿照军争之法，逐日减少做饭用的灶炊，让魏军以为齐军大量掉队。

过半：孙膑减灶从十万至五万又至二万，似其兵力已仅存不足三分之一，故谓"过半"。

弃其步军：战国时期，双方作战往往采取车兵、骑兵和步兵混同作战，车兵和骑兵行进速度较快，而步兵较为慢。庞涓以为，眼下齐军到达会战的地点，兵力已经不足三分之一了，所以敢于丢下行进速度较慢的步兵与齐军争利。

轻锐：轻兵锐卒，指速度快、体力好的士兵。倍日并行：两天的路程一天走到。

度：揣度，估计。

马陵：齐地，在今河北大名东南；一说在今山东莘县西南。

斫：用斧斤砍削。

白：刮去树皮使白木露出。

书：写。

弩：一种用弩机控制发射的弓。

期：约定。

以火烛之：取火照亮树干上的字。烛，照，照亮。

相失：队形被打乱，士兵失去各自的相对位置，彼此不相照应。古代行军、宿营、作战皆有固定队形，失去队形则不能作战。

乃自刭：于是自杀了。

竖子：是骂人话，犹言小子。

【译文】

齐国这时才发兵，任命田忌、田婴、田盼为将军，孙膑为军师，前去救援韩国，他们仍旧用老办法，直捣魏国的都城。庞涓听说后，急忙放弃攻打韩国，回兵救援国都。魏国集中了全部兵力，任命太子申为将军，抵抗齐国军队。孙膑对田忌说："魏、赵、韩一带的兵士向来剽悍勇猛，看不起齐国士兵，不过齐国士兵的名声也确实不佳。善于指挥作战的将军必须做到因势利导，扬长避短。《孙子兵法》上说：'从一百里外去奔袭会损失上将军，从五十里外去奔袭则只有一半军队能到达。'"于是就下令齐国军队进入魏国地界后，第一天做饭修造十万个灶，第二天减为五万个灶，第三天再减为两万个灶。庞涓率兵追击齐军三天，见到如此情形，大笑着说道：

"我早就知道齐兵生性胆怯，进入我国三天的时间，士兵就已逃散一多半了。"于是丢掉步兵，亲自率领轻兵锐卒日夜兼程追击齐军。孙膑估计魏军当晚将到达马陵。马陵这个地方道路狭窄而多险隘，可以埋伏重兵，孙膑便派人刮去一棵大树的树皮，在白树干上写上大字："庞涓死于此树下！"又从齐国军队中挑选万名优秀射箭手沿路埋伏，约定天黑后看见有火把亮光就万箭齐发。果然，庞涓在夜里赶到那棵树下，看见白树干上隐隐约约有字，便令人举火把照看，还未读完，便见两边箭如雨下，魏军顿时大乱，溃不成军。庞涓自知大势已去，便拔剑自刎了，临死前叹息道："到底让孙膑这小子成名了！"齐军乘势大破魏军，俘虏了魏国大将太子申。

胡服骑射

【原文】

周赧王八年（甲寅，公元前307年）赵武灵王北略中山之地，至房子，遂至代，北至无穷，西至河，登黄华之上。与肥义谋胡服骑射以教百姓，曰："愚者所笑，贤者察焉。虽驱世以笑我，胡地、中山，吾必有之！"遂胡服。

【注释】

赵武灵王：名雍，赵肃侯之子，周显王四十四年（公元前325年）即位。为加强边防，于赵武灵王十九年（公元前307年）下令"胡服骑射"。

胡服：战国时北方游牧民族的服装，窄袖短装，皮靴皮带，头戴羽冠。北略：向北攻占。中山之地：

中山国的土地，今河北定县一带。中山，古代国名。

房子：古地名，今河北临城。

代：古地名，代郡，今山西大同一带。

无穷：自代郡出塞外，大漠数千里，故称无穷。

河：黄河。

黄华：山名，在黄河边上。

肥义：赵国的国相。

驱世：意为世上所有的人。

【译文】

周赧王八年（公元前307年）赵武灵王向北征伐中山国，大军进攻到了房子城，又来到代地，再向北进攻到了大漠之中，向西进攻到了黄河，登临黄华顶峰。他与大臣肥义商量赵武灵王登临黄华顶峰。让百姓穿胡人的短衣，学习骑马射箭，他说：“愚蠢的人会嘲笑我的举措，但聪明的人是可以理解的。即使天下的人都嘲笑我，我也要这样做，我一定能把北方胡人的领地和中山国都据为己有！”于是他带头改穿胡服。

【原文】

国人皆不欲，公子成称疾不朝。王使人请之曰：“家听于亲，国听于君。今寡人作教易服而公叔不服，吾恐天下议己也。制国有常，利民为本；从政有经，令行为上。明德先论于贱，而从政先信于贵，故愿慕公叔之义以成胡服之功也。”公子成再拜稽首曰：“臣闻中国者，圣贤之所教也，礼乐之所用也，远方之所观赴也，蛮夷之所则效也。今王舍此而袭远方之服，变古之道，逆人之心，臣愿王孰图之也！”使者以报。

【注释】

公子成：赵武灵王的叔父。

不服：不穿胡服。

制国：治理国家。

有经：有一定的原则。

令行：政令得以施行。

“明德先论于贱”一句：意思是修明德行必须先让百姓论议明白。贱，指底层的百姓。

“而从政先信于贵”一句：意思是贯彻政令首先要使贵族信服奉行。

慕公叔之义：仰仗叔父的声望。

稽首：叩头至地，是古时最恭敬的一种跪拜礼。

中国：中原地区。

则效：取法仿效。

孰图：深思熟虑。孰，同“熟”。

【译文】

国中的士人都不想这样做，公子成称有病不来上朝。赵武灵王便派人前往说服他说：“家事听命于父母，国事听命于国君。现在我向世人倡导改变服装，而叔父您不穿，我担心天下人会议论我徇私。治理国家要有一定的章法，以对百姓有利为根本；从事政务有一定的原则，政令得以执行是最重要的。修明德行必须先让百姓论议明白，而贯彻政令首先要使贵族信服奉行，所以我希望能树立叔父您为榜样，来实现改穿胡服的功业。”公子成拜谢道：“我听说，中国是在古代先贤的教化下，用礼乐仪制，使远方国家前来朝拜，是让四方蛮夷学习效法的地方。现在君王您舍弃这些不顾，反而去仿效远方蛮夷的服饰，这是擅改传统习俗、违背人心的举动，我希望您能慎重考虑。”使者把他的这番话报告给赵武灵王。

【原文】

王自往请之，曰：“吾国东有齐、中山，北有燕、东胡，西有楼烦、秦、韩之边。今无骑射之备，则何以守之哉？先时中山负齐之强兵，侵暴吾地，系累吾民，引水围鄗；微社稷之神灵，则鄗几于不守也。先君丑之。故寡人变服骑射，欲以备四境之难，报中山之怨。而叔顺中国之俗，恶变服之名，以忘鄗事之丑，非寡人之所望也！”公子成听命，乃赐胡服；明日服而朝。于是始出胡服令，而招骑射焉。

【注释】

楼烦：古代国名，今山西省西北部。

负：依仗。

系累：用绳索捆绑，指被俘。

鄗：赵国城名，今河北柏乡县北。

【译文】

赵武灵王于是亲自前往，当面解释道：“我国东面是齐国、中山国，北面是燕国、东胡，西面是楼烦，与秦、韩两国接壤。现在如果没有骑马射箭的训练，用什么来坚守呢？早先中山国仰仗齐国的强兵，侵犯我们的领地，掠夺我们的子民，又引水围灌鄗城；如果不是靠着祖先神灵保佑，恐怕鄗城已经失守了。对此先王深以为耻。因此我决心改变服饰，学习骑射，想以此抵御四边的威胁侵略，一雪中山国之耻。而叔父您一味因循守旧，憎恶改变服装，这是忘记了鄗城的奇耻大辱，不是我所希望的呀！”公子成听从了赵武灵王的命令，赵王亲自赐给他胡服，第二天他便穿着胡服上朝。于是，赵武灵王正式颁布改穿胡服的政令，并且提倡学习骑马射箭。

【原文】

五月戊申，大朝东宫，传国于何。王庙见礼毕，出临朝，大夫悉为臣。肥义为相国，并傅王。武灵王自号“主父”。主父欲使子治国，身胡服，将士大夫西北略胡地。将自云中、九原南袭咸阳，于是诈自为使者，入秦，欲以观秦地形及秦王之为人。秦王不知，已而怪其状甚伟，非人臣之度，使人逐之；主父行已脱关矣，审问之，乃主父也。秦人大惊。

【注释】

何：赵何，即赵惠文王。

【译文】

五月戊申（二十六日），赵武灵王在东宫举行盛大朝会，把国君之位传给了赵何。赵何行完祭祀宗庙的礼仪，登朝处理政事，他手下的大夫都成了朝廷大臣。赵何又任命肥义为相国，并尊称为国君老师。赵武灵王自称“主父”。赵主父想让儿子在国中主事，他则准备身穿胡服率领文臣武将前去攻打西北胡人领地。他计划从云中、九原向南袭击秦国的都城咸阳，于是他自己假扮成使者，前往秦国，想借机考察秦国地形以及秦王的为人。秦王没有察觉，事后觉得此人相貌伟岸不凡，有着臣子不具备的风度，急忙派人去追赶他；主父一行此时已经出了秦国边关。经过一番调查，秦国人才知道他就是赵主父。秦国人都大惊失色。秦王派人追赶赵武灵王，而赵武灵王一行已经出了秦国边关。

即墨之战

【原文】

燕师乘胜长驱，齐城皆望风奔溃。乐毅修整燕军，禁止侵掠，求齐之逸民，显而礼之。宽其赋敛，除其暴令，修其旧政，齐民喜悦。乃遣左军渡胶东、东莱；前军循泰山以东至海，略琅邪；右军循河、济，屯阿、鄄以连魏师；后军旁北海以镇抚千乘：中军据临淄而镇齐都。祀桓公、管仲于郊，表贤者之闾，封王蠋之墓。齐人食邑于燕者二十。

【注释】

燕师乘胜长驱：燕昭王二十八年（公元前284），燕昭王拜乐毅为上将军，联合秦、韩、赵、魏四国共同伐齐，激战于济西，大败齐军。乐毅率燕军乘胜攻克齐七十二城，直入都城临淄。乐毅：战国后期杰出的军事家，拜燕上将军，受封昌国君，辅佐燕昭王振兴燕国，报了强齐伐燕之仇。他统帅燕国等五国联军攻打齐国，创造了中国古代战争史上以弱胜强的著名战例。修整：同“休整”。

逸民：古代称节行超逸、避世隐居的人。

显：露出。

略：进攻。

旁：靠近。镇抚：安抚。北海：今山东省临淄东北沿海一带。千乘，今山东省博兴西。《齐记》载：“千乘城，在齐城西北百五十里，有南北二城，相去二十余里，其一城县治，一城太守治。千乘郡，其治所在千乘县。高帝置。莽曰建信。属青州。”

【译文】

燕国军队乘胜长驱直入，齐国大小城池望风崩溃。乐毅整肃燕军纪律，禁止侵掠，寻访齐国的隐士高人，致以荣誉礼待。还放宽人民赋税，革除苛刻的法令，恢复齐国过去治理国家的良好传统，齐国人民都十分喜悦。乐毅于是就调左军在胶东、东莱渡过胶水；前军沿着泰山脚下向东到达渤海，进攻琅邪；右军顺着黄河、济水而下，屯扎在东阿、鄄城，与魏国军队相连；后军靠近北海，安抚千乘，中军占据临淄，镇守齐国国都。他还亲自到城郊祭祀齐桓公、管仲，旌表齐国贤良人才所住里巷的大门，赐封王蠋的陵墓。经过收敛人心，齐国人接受燕国的封号、领取俸禄的有二十余人；接受燕国爵位的有一百多人。六个月之内，燕军攻下齐国七十余座城池，都设立郡县治理。

【原文】

初，燕人攻安平，临淄市掾田单在安平，使其宗人皆以铁笼傅车。及城溃，人争门而出，皆以折车败，为燕所擒；独田单宗人以铁笼得免，遂奔即墨。是时齐地皆属燕，独莒、即墨未下，乐毅乃并右军、前军以围莒，左军、后军围即墨。即墨大夫出战而死。即墨人曰："安平之战，田单宗人以铁笼得全，是多智习兵。"因共立以为将以拒燕。乐毅围二邑，期年不克，乃令解围，各去城九里而为垒，令曰："城中民出者勿获，困者赈之，使即旧业，以镇新民。"三年而犹未下。或谗之于燕昭王曰："乐毅智谋过人，伐齐，呼吸之间克七十余城，今不下者两城耳，非其力不能拔，所以三年不攻者，欲久仗兵威以服齐人，南面而王耳。今齐人已服，所以未发者，以其妻子在燕故也。且齐多美女，又将忘其妻子。愿王图之！"昭王于是置酒大会，引言者而让之曰："先王举国以礼贤者，非贪土地以遗子孙也。遭所传德薄，不能堪命，国人不顺。齐为无道，乘孤国之乱以害先王。寡人统位，痛之入骨，故广延群臣，外招宾客，以求报雠；其有成功者，尚欲与之同共燕国。今乐君亲为寡人破齐，夷其宗庙，报塞先仇，齐国固乐君所有，非燕之所得也。乐君若能有齐，与燕并为列国，结欢同好，以抗诸侯之难，燕国之福，寡人之愿也。汝何敢言若此！”乃斩之。赐乐毅妻以后服，赐其子以公子之服；辂车乘马，后属百两，遣国相奉而致之乐毅，立乐毅为齐王。乐毅惶恐不受，拜书，以死自誓。由是齐人服其义，诸侯畏其信，莫敢复有谋者。

【注释】

田单：临淄人，战国时田齐宗室远房的亲属，任齐都临淄市掾（秘书），后来到赵国作将相。市掾：管理市场的官员。

即墨：今莱州。

“独莒、即墨未下”句：只有莒城、即墨没有沦陷。莒城，又称莒州，位于山东省东南部。

“田单宗人以铁笼得全”句：田单是齐国田氏远房的贵族，曾在临淄做过小吏，齐国都城临淄被攻陷时，田单携家乘车逃到安平。一路上见到逃难的车辆十分拥挤，他估计燕军还要来追，就把车轴用铁皮包起来。过了不久果然燕军追来，齐人争相逃命，一路上许多车辆为夺路互相碰撞，车子撞断了车轴，无法行走，只有田单的车顺利地逃到了即墨。

引：拉。

雠：同“仇”。

【译文】

当初，燕国军队攻打齐国安平时，临淄市一个小官田单正在城中，他预先让家族人都用铁皮包上车轴头。到了城破的时候，人们争相涌出城门，都因为车轴相互碰断，车辆损坏难行，被燕军俘虏，只有田单一族因用铁皮包裹车轴得以幸免，逃到了即墨。当时齐国大部分地区都被燕军占领，仅有莒城、即墨未沦陷。乐毅于是就集中右军、前军包围莒城，集中左军、后军包围即墨。即墨大夫出阵战死。即墨人士说："安平之战，田单一族人因铁皮包轴得以保全，是因为田单足智多谋，熟悉兵事。"于是共同拥立田单为守将来抵御燕军。乐毅包围两城，一年未能攻克，于是就下令解除包围，左军、后军都退到即墨城外九里处修筑营垒，下令说："城中的百姓出来不要抓捕他们，有饥饿的赈济他们，让他们各操旧业，以安抚新占地区的百姓。"

过了三年，两城还未攻下。有人在燕昭王面前挑拨说："乐毅智谋过人，进攻齐国，一口气攻克了七十余城。现在只剩下两座城没有攻破，不是他的兵力不能攻下，之所以三年未攻克，是他想倚仗兵威来收服齐国人心，自己好南面称王呀。如今齐国人心已服，他之所以还不行动，是因为他的妻子、儿子在燕国。况且齐国多有美女，他早晚将忘记妻子。希望大王早些防备！"燕昭王听罢下令设置盛大酒宴，拉出说此话的人斥责道："先王倡导在全国礼待贤明的人，不是为了多得土地留给子孙。他不幸碰到继承人缺少德行，不能完成大业，使国内人民怨愤不从，无道的齐国趁着我们国家动乱之机残害先王。我即位以后，对此痛心疾首，所以才广泛邀请群臣，对外招揽宾客，以求报仇。能使我成功的人，我愿意和他分享燕国大权。现在乐毅亲自征战，为我大破齐国，平毁齐国宗庙，报了旧仇，齐国本来就应归乐毅所有，不是燕国该得到的。乐毅如果能拥有齐国，与燕国成为大周的诸侯国，两国结为友好邻邦，共同抵御其他诸侯国的来犯，这正是燕国的福气、我的心愿啊！你怎么敢说这种话呢！"于是将那人处死。又赏赐乐毅妻子以王后的服饰，赏赐他的儿子以王子的服饰，配备君王车驾乘马，及上百辆属车，派宰相送到乐毅那里，立乐毅为齐王。乐毅十分惶恐，不敢接受，一再拜谢，写下辞书，并宣誓以死效忠燕王。从此齐国人敬服乐毅的德义，各诸侯国也敬畏他的信义，没有敢再来算计乐毅的了。

【原文】

顷之，昭王薨，惠王立。惠王自为太子时，尝不快于乐毅。田单闻之，乃纵反间于燕，宣言曰：“齐王已死，城之不拔者二耳。乐毅与燕新王有隙，畏诛而不敢归，以伐齐为名，实欲连兵南面王齐。齐人未附，故且缓攻即墨以待其事。齐人所惧，唯恐他将之来，即墨残矣。”燕王固已疑乐毅，得齐反间，乃使骑劫代将，而召乐毅。乐毅知王不善代之。

遂奔赵。燕将士由是愤惋不和。

【注释】

顷之：过了一些时候，不久。

薨：诸侯去世叫薨。

惠王：昭王的儿子姬乐资。

尝：曾经。不快：有矛盾。

纵：施行。反间：反间计，挑拨离间的计策。

新王：新即位的王，指惠王。隙：裂痕，引申为怨仇。

畏诛：怕遭杀害。

附：归附，投降。

且：暂且。待其事：等待即墨一带的人慢慢归附乐毅。

残：破灭。

骑劫：燕将。代将：代替乐毅带兵。

王不善代之：惠王派骑劫代替乐毅带兵，不怀好意。

愤惋：愤恨惋惜。不和：不平。

【译文】

不久，燕昭王去世，燕惠王即位。惠王做太子的时候，就与乐毅有矛盾。田单听说了，便派人到燕国去施行反间计，散布说："齐王已经死了，齐国的城池没有被攻下的只有两座了。乐毅和燕国新君有怨仇，害怕被杀而不敢回燕国，他以征伐齐国为名，实际上是想联合齐军在齐国南面称王。只是齐国的民众还没有归附，所以乐毅缓攻即墨是为了等待齐国民众归附他。齐国人所害怕的，是燕国改派其他大将来，到那时即墨城就破灭了。"燕惠王本来就怀疑乐毅，听了齐国挑拨离间的话，便派骑劫去代替乐毅统率部队，而且召乐毅回国。乐毅知道惠王派骑劫来代替他不怀好意，于是就投奔赵国去了。燕军将士为此都愤愤不平，内部开始不和。

【原文】

田单令城中人食，必祭其先祖于庭，飞鸟皆翔舞而下城中。燕人怪之，田单因宣言曰："当有神师下教我。"有一卒曰："臣可以为师乎？"因反走。田单起引还，坐东向，师事之。

卒曰："臣欺君。"田单曰："子勿言也！"因师之。每出约束，必称神师。乃宣言曰："吾唯惧燕军之劓所得齐卒，置之前行，即墨败矣！"燕人闻之，如其言。城中见降者尽劓，皆怒，坚守，唯恐见得。单又纵反间，言"吾惧燕人掘吾城外冢墓，可为寒心！"燕军尽掘冢墓，烧死人。齐人从城上望见，皆涕泣，共欲出战，怒自十倍。

【注释】

庭：庭院。

翔舞：盘旋飞舞。

因反走：转身就跑。因，即。

坐东向：请这个士卒面向

东而坐。古代以面向东而坐为尊。

师事之：用对待老师的礼节侍奉他。

子勿言：你不要说穿。

这里田单叮嘱他不要把神师的假象说穿。

劓：劓刑，割去鼻子。

前：列。

如其言：按照他的话做了。

城中：城中的人。

见得：被俘。

冢墓：坟墓。齐城上空飞鸟盘旋飞舞而下。

寒心：心寒，害怕，担忧。

涕泣：掉泪抽泣。

怒自十倍：比往常增加了十倍的愤怒。

【译文】

田单命令城中的民众，在吃饭前必须先在庭院里祭祀他们的祖先，飞鸟争吃祭饭都盘旋落到城中。燕国人远远望见感到很惊讶，田单又让人散布说："就会有神师降临来教导我。”有个士兵说：“我可以当神师吗？”说完话转身就跑。田单连忙起身拉他回来，请他坐在向东的上座，奉为神师。这个士兵说：“我骗您的。”田单说：“你不要说话了！”于是把他当神师。此后，每次发布号令，一定声称是神师教导的。田单又令人散布说：“我只害怕燕国人割掉齐国俘虏的鼻子，作战时把他们赶到队伍的前面，那样即墨城就完了！”燕国人听到田单这番话，果然这样做了。即墨城里的人一见被俘的人全都被割去了鼻子，都十分愤怒，更加坚守城池，唯恐被俘。

田单又派人施行反间计，说：“我怕燕国人挖掘城外的祖坟，那样实在是让人心寒！”燕军又中计，把城外的坟墓都挖了，焚烧死尸。齐国人在城头上望见这一切，都悲愤得流泪抽泣，纷纷要求出战，怒气倍增。

【原文】

田单知士卒之可用，乃身操版、锸，与士卒分功；妻妾编于行伍之间；尽散饮食飨士。令甲卒皆伏，使老、弱、女子乘城，遣使约降于燕；燕军皆呼万岁。田单又收民金得千镒，令即墨富豪遗燕将，曰：“即降，愿无掳掠吾族家！”燕将大喜，许之，燕军益懈。

【注释】

身操版、锸：亲自拿着筑墙和掘土的工具。

分功：分担工作。

行伍：军队的编制。

飨士：让士卒吃。

甲卒皆伏：披甲的战士都埋伏起来。伏，埋伏。

乘城：登城守卫。

镒：二十两为一镒。

即降：就要投降了。

益懈：渐渐松懈。

【译文】

田单知道这时士卒都做好了死战的准备，于是就亲自拿着筑墙和掘土的工具，和士卒一道修筑工事；他将自己的妻妾也编入部队；又把吃的喝的全部分发给士卒。然后，他命令披甲的士卒全都埋伏起来，派老弱的兵丁和妇女们登城守卫，并派使者和燕国的军队相约投降的事宜；燕国将士齐声高呼万岁。田单又在城中百姓间募集到一千镒金银，让即墨城里的富豪们偷偷送给燕军将领，说：“齐军就要投降了，希望贵军受降后不要掳掠我们的家族！”燕军将领非常高兴，便答应了他们的请求。燕军将士的戒备就渐渐松懈下来。

【原文】

田单乃收城中，得牛千余，为绛缯衣，画以五采龙文，束兵刃于其角，而灌脂束苇于其尾，烧其端，凿城数十穴，夜纵牛，壮士五千随其后。牛尾热，怒而奔燕军。燕军大惊，田单亲自拿着筑墙和掘土的工具，和士卒一道修筑工事。

视牛皆龙文，所触尽死伤。而城中鼓噪从之，老弱皆击铜器为声，声动天地。燕军大骇，败走。齐人杀骑劫，追亡逐北，所过城邑皆叛燕，复为齐。田单兵日益多，乘胜，燕日败亡，走至河上，而齐七十余城皆复焉。乃迎襄王于莒；入临淄，封田单为安平君。

【注释】

绛缯衣：大红色的薄绢所制成的被服。

兵刃：打仗的兵器，一般是指冷兵器。最常见的兵刃有刀、剑等。

灌脂束苇于其尾：把灌着油脂的干芦苇缚在牛尾上。

穴：洞穴。

城中鼓噪从之：城中的人群一齐呼喊，跟随在后面。

大骇：大惊。

追亡逐北：追赶逃跑败亡的敌人。

河上：黄河边上。

复：收复。

襄王：名法章，公元前283年至公元前265年在位。

安平君：田单当初起于安平，所以以安平君为封号。

【译文】

田单又派人在城里收集，得到一千多头牛，用深红色的薄绢披在牛身上，在上面画上五彩龙纹，在牛角上绑上锋利的刀子，把灌有油脂的干芦苇绑在牛尾上，点燃它的尾端，在城墙上凿了几十个洞，趁黑夜把牛放出去，五千名精壮的士卒跟随在牛群后面。那些牛的尾巴烧得疼痛难当，拼命地向燕军狂奔。燕国将士大惊失色，火光中隐约看到牛身上都有龙的花纹，被牛碰上的不是死就是伤。此时，即墨城里的人也聚众呐喊，老弱兵丁全都敲击铜器，发出的声响震天动地。燕军将士惊慌失措，纷纷败逃。齐国人杀死了燕军主将骑劫，追杀逃跑的燕军，一路上经过的城池全都背叛燕国，重新成了齐国的城邑。田单的兵力不断增加，乘胜追击，燕军天天都在逃跑，一直逃到黄河边上，齐国的七十多座城池都被田单收复了。于是，田单从莒迎回襄王；襄王回到临淄，燕军将士惊慌失措，纷纷败逃。封田单为安平君。

长平之战

【原文】

周赧王五十三年（己亥，公元前262年）楚人纳州于秦以平。武安君伐韩，拔野王。上党路绝，上党守冯亭与其民谋曰："郑道已绝，秦兵日进，韩不能应，不如以上党归赵。赵受我，秦必攻之；赵被秦兵，必亲韩；韩、赵为一，则可以当秦矣。"乃遣使者告于赵曰："韩不能守上党，入之秦，其吏民皆安于赵，不乐为秦。有城市邑十七，愿再拜献之大王！"赵王以告平阳君豹，对曰："圣人甚祸无故之利。"王曰："人乐吾德，何谓无故？"对曰："秦蚕食韩地，中绝，不令相通，固自以为坐而受上党也。韩氏所以不入于秦者，欲嫁其祸于赵也。秦服其劳而赵受其利，虽强大不能得之于弱小，弱小固能得之于强大乎！岂得谓之非无故哉？不如勿受。"王以告平原君，平原君请受之。王乃使平原君往受地，以万户都三封其太守为华阳君，以千户都三封其县令为侯，吏民皆益爵三级。冯亭垂涕不见使者，曰："吾不忍卖主地而食之也！"

【注释】

武安君：历朝历代国之能安邦胜敌者均号"武安"，最早出自西周，武安者，以武功治世、威信安邦誉名。"君"是卿大夫的一种新爵号。白起数立战功，秦封其为武安君，这里指白起。冯亭：（？—公元前260年），战国时期韩国人。公元前262年，秦国武安君白起伐韩，取野王邑。上党与韩国本土的道路被断绝。韩国派阳城君到秦国谢罪，割上党之地请和。另一方面，派遣韩阳，通知上党靳黈撤离上党，靳黈不肯，韩桓惠王派冯亭接替他的位置。蚕食：蚕吃桑叶。像蚕吃桑叶那样一步步侵占。比喻逐步侵占。

【译文】

周赧王五十三年（己亥，公元前262年）楚国把州陵献给秦国，以求和平。秦国武安君白起进攻韩国，攻克野王。上党与外界的通道被切断。上党郡守冯亭与民众商议说："现在去都城新郑的道路已经断绝，秦国军队每日都在不断向这里推进，韩国又无法接应，不如把上党献给赵国。赵国如果接受我们，秦国必定进攻他们；赵国面对秦国军队的进攻，一定会与韩国联合；韩、赵联合起来，就可以抵挡秦国了。"于是派使者去告诉赵国说："我们韩国无法守住上党，如今想把上党献给秦国，但郡中的官员和百姓都心向赵国，不愿做秦国的属下。我们现有大邑共十七个，愿意恭敬地把这些献给赵王！"赵王把这件事告诉平阳君赵豹，赵豹说："圣人认为接受无缘无故的利益是不好的兆头。”赵王说：“别人仰慕我的恩德，怎么说是无缘无故呢？”赵豹回答说：“秦国蚕食吞并韩国的土地，从中切断上党与都城新郑的道路，不使它们相通，本来以为可坐待上党归降。韩国人之所以不把它献给秦国而献给赵国，就是想把患祸转嫁给赵国。秦国付出千辛万苦而赵国却坐收其利，即使我们强大也不能这样从弱小手中夺取土地，何况我们本来就弱小，怎么能与强大的秦国相争呢！这难道还不是无缘无故吗？不如不接受上党。”赵王又把此事告诉平原君赵胜，赵胜却劝赵王接受。赵王于是派赵胜前去接收，封冯亭为华阳君，赐给他三个拥有万户百姓的城做封地；又封其县令为侯，赐给三个拥有千户百姓的城做封地，官吏都加爵三级。

冯亭不愿见赵国使者，垂着泪说：“我不忍心出卖国家的土地而作为自己的俸禄啊！”冯亭垂涕不见使者。

【原文】

五十五年（辛丑，公元前260年）秦左庶长王龁攻上党，拔之。上党民走赵。赵廉颇军于长平，以按据上党民。王龁因伐赵。赵军数战不胜，止一裨将、四尉。赵王与楼昌、虞卿谋，楼昌请发重使为媾。虞卿曰："今制媾者在秦；秦必欲破王之军矣，虽往请媾，秦将不听。不如发使以重宝附楚、魏，楚、魏受之，则秦疑天下之合从，媾乃可成也。"王不听，使郑朱媾于秦，秦受之。王谓虞卿曰："秦内郑朱矣。"对曰："王必不得媾而军破矣。何则？天下之贺战胜者皆在秦矣。夫郑朱，贵人也，秦王、应侯必显重之以示天下。天下见王之媾于秦，必不救王；秦知天下之不救王，则媾不可得成矣。"既而秦果显郑朱而不与赵媾。

【注释】

王龁：战国末期秦国大将，经历三代秦王，为秦国宿将，曾与蒙骜王陵交替征战。在长平之战中，为初期和后期的秦军统帅。始皇帝二年，王龁战死。现有多部史书记载。

按据：谓屯兵支援。

媾：连合，结合，交好。

【译文】

五十五年（辛丑，公元前260年）秦国派左庶长王龁率兵进攻上党，不久就攻破了。上党百姓被迫逃往赵国。赵国派廉颇率军驻守在长平，以接应上党逃来的百姓。王龁于是挥师攻打赵国。赵军迎战，几战都没取胜，一员副将和四名都尉先后阵亡。赵王与楼昌、虞卿商议，楼昌建议派地位高的使节与秦国交好。

虞卿反对说："和与不和，控制权都在秦国；秦国现在已下决心要打败赵军，我们即使去求和，秦国的将领也不会同意。我们不如派使者用贵重的珍宝拉拢楚国、魏国。一旦楚国、魏国接受，那么秦国就会疑心各国重新结成了抗秦阵线，那时与秦国交好才可成功。”赵王不听虞卿的意见，仍派郑朱赴秦国求和。秦国接待了郑朱。赵王便对虞卿说：“秦国接纳郑朱了。”虞卿回答说：“大王肯定见不到和谈成功而赵军就被击破了。为什么这样说呢？各国都派使者赴秦国庆贺胜利。郑朱是赵国地位很高的人，秦王、应侯肯定会把郑朱来求和的事向各国宣扬。各国看到赵王派人去向秦国求和，一定不会再出兵援救赵国；秦国知道赵国孤立无援，就愈发不肯与赵国讲和了。”不久，秦国果然大肆宣扬郑朱来使，而不与赵国进行和谈。

【原文】

秦数败赵兵，廉颇坚壁不出。赵王以颇失亡多而更怯不战，怒，数让之。应侯又使人行千金于赵为反间，曰："秦之所畏，独畏马服君之子赵括为将耳！廉颇易与，且降矣！"赵王遂以赵括代颇将。蔺相如曰："王以名使括，若胶柱鼓瑟耳。括徒能读其父书传，不知合变也。"王不听。初，赵括自少时学兵法，以天下莫能当；尝与其父奢言兵事，奢不能难，然不谓善。括母问其故，奢曰："兵，死地也，而括易言之。使赵不将括则已；若必将之，破赵军者必括也。"及括将行，其母上书，言括不可使。王曰："何以？"对曰："始妾事其父，时为将，身所奉饭而进食者以十数，所友者以百数，王及宗室所赏赐者，尽以与军吏士大夫；受命之日，不问家事。今括一旦为将，东乡而朝，军吏无敢仰视之者；王所赐金帛，归藏于家，而日视便利田宅可买者买之。王以为如其父，父子异心，愿王勿遣！”王曰：“母置之，吾已决矣！”母因曰：“即如有不称，妾请无随坐！”赵王许之。

【注释】

让：责备。

胶柱鼓瑟：柱，瑟上调节声音的短木。瑟，一种古乐器。是用胶把柱粘住以后奏琴，柱不能移动，就无法调弦。意指固执拘泥，不知灵活变通。

【译文】

赵军与秦军交战屡屡失败，廉颇便下令赵兵坚城固守，拒不出战。赵王以为廉颇损失惨重后更加胆怯，不敢迎战，气愤得多次斥责他。这时应侯范雎又派人带上千金去赵国施行反间计，到处散布谣言说：“秦国所畏惧的，只是马服君赵奢的儿子赵括做大将。廉颇极易对付，不久他就快投降了！”赵王听说后就任用赵括代替廉颇去率领军队。蔺相如劝阻道："大王因为赵括有名望就重用他，这就像是粘住调弦的琴柱再弹琴呀！赵括只知道死读他父亲留下的兵书，不知道在战场上随机应变。"赵王不听。起初，赵括从小学习兵法时，就自以为天下无人可与之相比。他曾与父亲赵奢讨论兵法，赵奢也难不倒他，但赵奢始终不说他有才干。赵括的母亲询问原因，赵奢说："带兵打仗，就是出生入死，而赵括谈起来却很随便。赵国不用他为大将则已，如果一定用他，灭亡赵军的一定是赵括。"待到赵括将要出发时，他的母亲急忙上书给赵王，指出赵括不能担当重任。赵王问："为什么？"赵括的母亲回答说："当年我侍奉赵括的父亲，他做大将时，亲自去捧着饭碗招待的有几十位，他的朋友有几百人，大王及宗室王族给他的赏赐，他全部分发给将士和周围的人。

他自接受命令之日起，就不再过问家事。而赵括刚刚做了大将，就向东高坐，接受拜见，大小军官没人敢抬头正脸看他。大王赏给他的金银绸缎，全部拿回家藏起来，每天忙于察看有什么良田美宅可买的就买下。大王您以为他像他的父亲，其实他们父子用心完全不一样。请大王千万不要派他去。”赵王说：“老太太你不要再说了，我已经决定了。”赵括母亲便说：“万一赵括出了什么差错，我请求不要连累我。”赵王同意了赵母的请求。

【原文】

秦王闻括已为赵将，乃阴使武安君为上将军而王龁为裨将，令军中：“有敢泄武安君将者斩！”赵括至军，悉更约束，易置军吏，出兵击秦师。武安君佯败而走，张二奇兵以劫之。赵括乘胜追造秦壁，壁坚拒不得入；奇兵二万五千人绝赵军之后，又五千骑绝赵壁间。赵军分而为二，粮道绝。武安君出轻兵击之，赵战不利，因筑壁坚守以待救至。秦王闻赵食道绝，自如河内发民年十五以上悉诣长平，遮绝赵救兵及粮食。齐人、楚人救赵。赵人乏食，请粟于齐，齐王弗许。周子曰："夫赵之于齐、楚，扞蔽也，犹齿之有唇也，唇亡则齿寒；今日亡赵，明日患及齐、楚矣。救赵之务，宜若奉漏瓮沃焦釜然。且救赵，高义也；却秦师，显名也；义救亡国，威却强秦。不务为此而爱粟，为国计者过矣！"齐王弗听。

【注释】

诣：到。

粟：小米，中国古称稷或粟。这里指军粮。

瓮：陶制盛器，小口大腹。

【译文】

秦王听说赵王任用赵括为大将，便暗地里派武安君白起为上将军，改王龁为副将，下令军中："有谁胆敢泄露白起为上将军的消息，格杀勿论！”赵括来到军中，将原来的规定全部废除，更换军官，下令出兵攻打秦军。白起佯装战败逃走，预先布置下两支奇兵准备截击。赵括不知其计，乘胜追击，直捣秦军营垒，秦军坚守不出，赵军无法攻克。这时，秦军一支二万五千人的奇兵已经切断了赵军的后路，另外一支五千人的骑兵也堵截住赵军返回营垒的通道。赵军被一分为二，粮道也被断绝。白起下令精锐轻军前去袭击赵军，赵军接连失利，只好坚筑营垒等待援兵。秦王听说赵军的粮草通道已经被切断，便亲自到河内征发十五岁以上的男子全部调往长平，阻断赵国的救兵及粮草救济。有些齐国人、楚国人增援赵国。赵军缺乏粮草，向齐国请求救济，齐王不同意。周子说：“赵国对于齐国、楚国来说，是一道屏障，就像牙齿外面的嘴唇一样，唇亡则齿寒；今天赵国一旦灭亡，明天灾祸就会降临到齐国和楚国的头上。因此救援赵国这件事，应该像捧着漏瓦罐去浇烧焦了的铁锅那样，刻不容缓。何况救援赵国表现出的是高尚的道义；抵抗秦军，更是显示威名的好事；必须主持正义救援亡国，击退秦国以显示兵威。眼下不倾尽全力救赵国反而爱惜粮食，这样为国家谋划真是大错啊！”齐王不听。

【原文】

九月，赵军食绝四十六日，皆内阴相杀食。急来攻垒，欲出为四队，四五复之，不能出。赵括自出锐卒搏战，秦人射杀之。赵师大败，卒四十万人皆降。武安君曰：“秦已拔上党，上党民不乐为秦而归赵。赵卒反覆，非尽杀之，恐为乱。”乃挟诈而尽坑杀之，遗其小者二百四十人归赵，前后斩首虏四十五万俘虏；赵人大震。

【注释】

内：指内部。

四五复之：连续四五次反复冲杀。

出：指突围。

挟诈：暗用欺骗诡计。坑杀：陷之于坑而杀，即活埋。

【译文】

到了九月，赵军已经断粮四十六天，赵军开始暗中残杀，互相吞食。赵括心急，便下令赵军进攻秦军营垒，打算派出四队人马，连续四五次反复冲杀，仍无法突围出去。赵括亲自率领精兵上阵肉搏，被秦兵射死。赵军于是大败，四十万士兵全部投降秦国。白起说："当初秦军已攻克上党，上党百姓却不愿归秦而去投奔赵国。赵国士兵反复无常，不全部杀掉，恐怕会有后乱。”于是使用奸计把赵国降兵全部活埋，只放出二百四十个年岁较小的回到赵国，长平之战前后共杀死四十五万俘虏，赵国大为震惊。

秦　纪

李园乱楚

【原文】

昭襄王九年（癸亥，公元前238年）楚考烈王无子，春申君患之，求妇人宜子者甚众，进之，卒无子。赵人李园持其妹欲进诸楚王，闻其不宜子，恐久无宠，乃求为春申君舍人。已而谒归，故失期而还。春申君问之，李园曰："齐王使人求臣之妹，与其使者饮，故失期。"春申君曰："娉入乎？"曰："未也。"春申君遂纳之。既而有娠，李园使其妹说春申君曰："楚王贵幸君，虽兄弟不如也。今君相楚二十余年而王无子，即百岁后将更立兄弟，彼亦各贵其故所亲，君又安得常保此宠乎！非徒然也，君贵，用事久，多失礼于王之兄弟，兄弟立，祸且及身矣。今妾有娠而人莫知，妾幸君未久，诚以君之重，进妾于王，王必幸之。妾赖天而有子男，则是君之子为王也。楚国尽可得，孰与身临不测之祸哉！”春申君大然之。乃出李园妹，谨舍而言诸楚王。王召入，幸之，遂生男，立为太子。

【注释】

宜子：宜于生子。

持：带着。

舍人：王公贵族的侍从宾客，亲近左右。

谒：请求。

故：故意。

使：派遣。

故：所以。

娉：通“聘”。以礼物订婚。

幸：宠幸。

即：如果。

且：将要。

子男：儿子。

孰与身临不测之祸哉：这一句的意思说“这与身遭意外的祸患相比，哪样好？”

谨舍：严密地安排住所。

【译文】

昭襄王九年（癸亥，公元前238年）楚考烈王没有儿子，春申君为此十分忧虑，他遍寻很多能生育的妇女进献给楚王，虽然进献了不少，但是她们最终还是没能为楚王生下儿子。有个叫李园的赵国人，带着他的妹妹来，想进献给楚王，可听说楚王不能生儿子，便担心时间一长，自己的妹妹会失去楚王的宠幸。于是他请求服侍春申君，做春申君的舍人。没过多久，李园告假回赵国探亲，故意超过了请假的期限才返回来。春申君询问他晚回来的原因，李园说：“齐国国君派使者来求娶我的妹妹，我陪使者饮酒，所以延误了归期。”春申君说：“已经下过聘礼订婚了吗？”李园回答道：“还没有。”于是春申君便纳李园的妹妹为妾。没过多久，李园的妹妹怀了身孕，李园便让她去劝说春申君道：“楚王非常宠信您，即使是他的兄弟也比不上。如今您担任楚国的相国已经二十多年了，而楚王依旧还没有儿子。照此情景下去，他去世以后必将立他的兄弟为国君，而新国君也必定要使他的旧亲信分别得到显贵，这样的话，您又如何能永久地保持住您的荣宠地位呀！不仅如此，由于您受到楚王的宠幸，长期执掌国事，肯定对楚王的兄弟有过许多失礼的地方，一旦他们登上王位，您就要大祸临头了。现在我怀有身孕的事还没有人知道，况且我受您宠爱的时间还不长，倘若以您的尊贵身份，将我进献给楚王，一定会得到他的恩宠。如果我靠着上天的恩赐生下一个男孩，那么将来继位为王的就是您的儿子了。这样一来，楚国便全是您的了，这与在新君主统治下身临难以预料的灾祸相比，哪一个结果更好呢？”于是春申君就同意了，将李园的妹妹送出府，安置在一个馆舍中住下，然后向楚王推荐她。楚王很快就召李园的妹妹入宫，并且很宠爱她。没过多久，李园的妹妹果然生了个儿子，被立为太子。

【原文】

李园妹为王后，李园亦贵用事，而恐春申君泄其语，阴养死士，欲杀春申君以灭口；国人颇有知之者。楚王病，朱英谓春申君曰：“世有无望之福，亦有无望之祸。今君处无望之世，事无望之主，安可以无无望之人乎！”春申君曰：“何谓无望之福？”曰：“君相楚二十余年矣，虽名相国，其实王也。王今病，旦暮薨，薨而君相幼主，因而当国，王长而反政，不即遂南面称孤，此所谓无望之福也。”“何谓无望之祸？”曰：“李园不治国而君之仇也，不为兵而养死士之日久矣。王薨，李园必先入，据权而杀君以灭口，此所谓无望之祸也。”“何谓无望之人？”曰：“君置臣郎中，王薨，李园先入，臣为君杀之，此所谓无望之人也。”春申君曰：“足下置之。李园，弱人也，仆又善之。且何至此！”朱英知言不用，惧而亡去。后十七日，楚王薨，李园果先入，伏死士于棘门之内。春申君入，死士侠刺之，投其首于棘门之外；于是使吏尽捕诛春申君之家。太子立，是为幽王。

【注释】

阴：暗中。死士：冒死的刺客。

国人：住在国都的人。

无望：不期而至，非常。

无望之世：指生死无常的世间。

无望之主：喜怒无常的君主。

因而当国：代少主掌握国政。

反：同“返”。归还。

置：放弃。

仆：对自己的谦称。

棘门：寿州的城门。

侠：通“夹”。从两侧夹住。

【译文】

李园的妹妹成为王后以后，李园的地位也随着显赫起来，在朝廷当权主事。但是他又生怕春申君将他曾指使妹妹说过的那些话泄露出去，便暗中收养武士，想让他们杀春申君灭口；楚国人中有不少知道这件事情的。没过多久，楚王卧病不起。朱英便对春申君说：“世上有未预料到而来的福气，也有不期而至的祸患。如今您处在生死变化不定的乱世之中，为喜怒无常的君王卖命，身边怎么能没有不期而至的人呢？”春申君问道：“什么叫‘未预料到而来的福气’呢？”朱英答道：“您担任楚国的相国二十多年了，虽然名义上是相国，可实际上已经相当于国君了。现在楚王病危，随时都有可能死去，一旦楚君病故，您就可以辅佐幼主，从而执掌国家大权，等到幼主成年后再还政给他，或者干脆就南面而坐，自称为王。这就是所谓的‘未预料到而来的福气’了。”春申君又问：“那什么是‘不期而至的祸患’呢？”朱英说：“李园虽然不治理国事，但他却是您的仇敌，他不管理军务统领军队，却长期以来豢养一些勇士。这样一来，一旦楚王去世，李园必定会抢先进入宫廷篡权，并且杀您灭口。这即是所谓的‘未预料到而来的灾祸’。”春申君又问道：“这样说来，‘不期而至的人’又是怎么回事呢？”朱英回答说：“您将我安置在郎中的职位上，一旦楚王去世，李园抢先入宫时，我就替您先杀了他，以此除掉后患。这就是所谓的‘不期而至的人’。”春申君说：“您要放弃这种打算。李园是个软弱的人，况且我对他又很好，哪至于发展到如此地步呀！”朱英知道自己的建议不会被春申君采纳，他担心发生变故累及自己，便先逃亡了。十七天后，楚王去世，李园果然抢先进宫，将他豢养的勇士埋伏在宫门里面。等到春申君一进来，勇士们立即上前两面夹击，将他刺杀，并割下他的头颅扔到宫门外面。接着，李园又派出官吏把春申君的家人全部捕杀。随后，太子芈悍继位，是为幽王。

王翦伐楚

【原文】

二十一年（乙亥，公元前226年）冬，十月，王翦拔蓟，燕王及太子率其精兵东保辽东，李信急追之。代王嘉遗燕王书，令杀太子丹以献。丹匿衍水中，燕王使使斩丹，欲以献王，王复进兵攻之。王贲伐楚，取十余城。王问于将军李信曰："吾欲取荆，于将军度用几何人而足？"李信曰："不过用二十万。"王以问王翦，王翦曰："非六十万人不可。"王曰："王将军老矣，何怯也！"遂使李信、蒙恬将二十万人伐楚；王翦因谢病归频阳。二十二年（丙子，公元前225年）王贲伐魏，引河沟以灌大梁。三月，城坏。魏王假降，杀之，遂灭魏。王使人谓安陵君曰："寡人欲以五百里地易安陵。"安陵君曰："大王加惠，以大易小，甚幸。虽然，臣受地于魏之先王，愿终守之，弗敢易！”王义而许之。李信攻平舆，蒙恬攻寝，大破楚军。信又攻鄢郢，破之。于是引兵而西，与蒙恬会城父。楚人因随之，三日三夜不顿舍，大败李信，入两壁，杀七都尉；李信奔还。

【注释】

荆：即楚国，因有荆山，故又称荆。

谢病：托病辞官。

平舆：楚邑名。

寝：楚邑名。

城父：楚邑名。

顿舍：停驻，休息。

【译文】

二十一年（乙亥，公元前226年）冬季，十月，秦将王翦攻克燕都蓟城，燕国国君和太子丹率精兵向东退却图保辽东，秦将李信领兵急追。代王赵嘉送信给燕王，要他杀太子丹献给秦王。太子丹这时躲藏在衍水一带，燕王即派使节往衍水杀了太子丹，准备把他的头颅献给秦王，但秦王再次发兵攻燕。秦将王贲进攻楚国，攻陷十多座城。秦王向将军李信询问说：“我准备占领楚国，根据你的推测，要用多少兵力才够？”李信回答说：“不超过二十万。”秦王又询问王翦，王翦说：“非得六十万人不可。”秦王说：“王将军老了，怎么如此胆怯啊！”于是派李信、蒙恬率领二十万人进攻楚国；王翦以有病为由辞职，返回家乡频阳。

二十二年（丙子，公元前225年）秦将王贲率军征伐魏国，引汴河的水灌淹魏国都城大梁。三月，大梁城垣塌毁，魏王魏假投降，为秦军杀死。魏国灭亡。

秦王嬴政遣人通知安陵君说：“我想要用五百里的土地换你的安陵国。”安陵君说：“大王您施加恩惠给我，用大换小，真是太幸运了。但虽然如此，我这小国的土地是受封于魏国前代国君的，我愿意终生守护它，不敢交换！”秦王赞许他奉守道义，便应允了他的请求。

李信攻打平舆，蒙恬进攻寝城，大败楚军。李信又进攻鄢郢，攻克了该城。于是带领军队向西推进，同蒙恬在城父会师。楚军便紧紧跟在秦军的后边，三天三夜不停留，李信的军队被拖得疲惫不堪，遭到惨败，秦军的两座军营被攻下，七名都尉被杀死；李信逃回秦国。

【原文】

王闻之，大怒，自至频阳谢王翦曰：“寡人不用将军谋，李信果辱秦军。将军虽病，独忍弃寡人乎！”王翦谢：“病不能将。”王曰：“已矣，勿复言！”王翦曰：“必不得已用臣，非六十万人不可！”王曰：“为听将军计耳。”于是王翦将六十万人伐楚。王送至霸上，王翦请美田宅甚众。王曰：“将军行矣，何忧贫乎！”王翦曰：“为大王将，有功，终不得封侯，故及大王之向臣，以请田宅为子孙业耳。”王大笑。王翦既行，至关，使使还请善田者五辈。或曰：“将军之乞贷亦已甚矣！”王翦曰：“不然，王怚中而不信人，今空国中之甲士而专委于我，我不多请田宅为子孙业以自坚，顾令王坐而疑我矣。”

【注释】

已矣：本是停止的意思。这里相当于“好了”“罢了”。

向：接近，亲近。

善田：良田。

怚中：粗心。

自坚：指自己主动表示为秦王效命的心意十分坚定。

顾：却。令：使。坐：无缘无故，自然而然。矣：表示疑问的语气助词。

【译文】

秦王听到这个消息，大怒，亲自去到频阳向王翦道歉说："我没有采用将军的计谋，使得李信玷辱了秦军的声威。将军虽然有病，但难道忍心丢下寡人不管吗！"王翦推托说："我有病，不能带兵。"秦王说："从前的事已经过去了，不要再说了！"王翦说："如果迫不得已，一定要用我，非得六十万的军队不行！"秦王说："但凭将军安排吧。"于是王翦率领六十万大军进攻楚国。秦王亲自将王翦送到霸上，王翦要求秦王赏赐给他很多良田大宅。秦王说："将军出发了，为什么担心日后贫穷呀！"王翦说："担任大王的将领，即使立了功，终究也不会得到封侯之赏，所以趁着大王看重我的时候，只好讨些田宅来作为留给子孙的产业。”秦王大笑。

王翦出发后，到了武关，先后派五批使者回去向秦王请求赏赐良田。有人说：“将军讨封赏也太过分了！”王翦说：“不是这样。大王心性粗暴多猜忌，现在倾尽国内兵力委托我独自指挥，我如果不多讨封良田大宅为子孙谋立产业，来表示自己坚决为大王效力，大王反而会无缘无故地猜疑我了。”

【原文】

二十三年（丁丑，公元前224年）王翦取陈以南至平舆。楚人闻王翦益军而来，乃悉国中兵以御之；五翦坚壁不与战。楚人数挑战，终不出。王翦日休士洗沐，而善饮食，抚循之；亲与士卒同食。久之，王翦使人问：“军中戏乎？”对曰：“方投石、超距。”王翦曰：“可用矣！”楚既不得战，乃引而东。王翦追之，令壮士击，大破楚师，至蕲南，杀其将军项燕，楚师遂败走。王翦因乘胜略定城邑。

二十四年（戊寅，公元前223年）王翦、蒙武虏楚王负刍，以其地置楚郡。

【注释】

益军：增兵。

悉：竭尽。

休士洗沐：让士兵休整洗浴。洗，指洗脚。沐，指洗头。

抚循：安抚，安顿抚慰。

投石、超距：指军事游戏。超距，跳远。

【译文】

二十三年（丁丑，公元前224年）王翦占领了陈以南直到平舆一带。楚人听说王翦增兵攻打过来，于是调动了全国兵力来抵抗；王翦坚守营垒不与楚人交战。楚人多次挑战，王翦始终不肯出兵。王翦每天只让士卒休息洗浴，吃好喝好，安抚他们；并同士卒一起用饭。过了很长一段日子，王翦派人打听：“军中在玩什么？”回答说：“正在玩投石、跳远的游戏。”王翦说：“可以出兵了！”这时楚军见找不到战机，便向东转移。王翦趁机出兵追赶，命令壮士攻击，将楚军打得大败，一直追到蕲南地区，杀死了楚国将军项燕，楚军于是全线溃败。王翦便乘胜占领并平定了楚国的一些城邑。

二十四年（戊寅，公元前223年）秦将王翦、蒙武俘获了楚国国君芈负刍，在楚地设置楚郡。

荆轲刺秦王

【原文】

太子闻卫人荆轲之贤，卑辞厚礼而请见之。谓轲曰：“今秦已虏韩王，又举兵南伐楚，北

临赵。赵不能支秦，则祸必至于燕。燕小弱，数困于兵，何足以当秦！诸侯服秦，莫敢合从。丹之私计愚，以为诚得天下之勇士使于秦，劫秦王，使悉反诸侯侵地，若曹沫之与齐桓公，则大善矣；则不可，因而刺杀之，彼大将擅兵于外而内有乱，则君臣相疑，以其间，诸侯得合从，其破秦必矣。唯荆卿留意焉！”荆轲许之。于是舍荆卿于上舍，太子日造门下，所以奉养荆轲，无所不至。及王翦灭赵，太子闻之惧，欲遣荆轲行。荆轲曰：“今行而无信，则秦未可亲也。诚得樊将军首与燕督亢之地图，奉献秦王，秦王必说见臣，臣乃有以报。”

太子曰："樊将军穷困来归丹，丹不忍也！"荆轲乃私见樊於期曰："秦之遇将军，可谓深矣，父母宗族皆为戮没！今闻购将军首，金千斤，邑万家，将奈何？"於期太息流涕曰："计将安出？"荆卿曰："愿得将军之首以献秦王，秦王必喜而见臣，臣左手把其袖，右手揕其胸，则将军之仇报而燕见陵之愧除矣！"樊於期曰："此臣之日夜切齿腐心也！"遂自刎。太子闻之，奔往伏哭，然已无奈何，遂以函盛其首。太子豫求天下之利匕首，使工以药焠之，以试人，血濡缕，人无不立死者。乃装为遣荆轲，以燕勇士秦舞阳为之副，使入秦。

【注释】

荆轲：战国末期卫人，好读书击剑，卫人称为"庆卿"，后到燕国，被当地人称为荆卿。由燕国田光推荐给太子丹，拜为上卿。公元前227年，荆轲带燕督亢地图荆轲私下里会见樊於期。秦王大喜，在咸阳宫隆重召见。献图时，图穷匕首现，刺秦王不中，被杀。

合从：即“合纵”，泛指联合。

曹沫之与齐桓公：曹沫，鲁国人。齐桓公和鲁会盟，曹沫劫持齐桓公，逼迫他答应尽数归还侵夺鲁国的土地。

造：到。

督亢：今河北涿州东南有督亢陂，其附近定兴、新城、固安诸县一带即战国燕督亢，是燕国的膏腴之地。

说：同“悦”。

揕：刺。

自刎：割颈自杀。

函：匣子。这里作动词用，指用盒子装上。

焠：浸染。

濡缕：沾湿一缕。形容沾湿范围极小，引申指力量微弱。

【译文】

太子丹听说卫国人荆轲贤能，便携带厚礼，以谦卑的言辞请求见他。太子丹对荆轲说："现在秦国已经俘虏了韩王，又乘势举兵向南进攻楚国，向北逼近赵国；赵国无力对付秦国，那么灾难就要降临到燕国头上了。燕国又小又弱，多次被战争拖累，哪里还能抵挡得住秦国啊！各诸侯国都屈服秦国，没有哪个国家再敢合纵抗秦了。我个人的计策很愚鲁，认为如果能获得一位天下勇猛的勇士，让他前往秦国，劫持秦王，迫使秦王将兼并来的土地还给各国，就像曹沫当年逼迫齐桓公归还鲁国丧失的领土一样，如此当然是最好的了；如不行的话，便乘机杀了秦王。到那时，秦国的大将拥兵在外，而国内发生动乱，那么君臣之间一定会相互猜疑，趁此时机，各国如果能够合纵抗秦，就一定可以打败秦国。希望你留心这件事情啊！”荆轲答应了太子丹。于是，太子丹安排荆轲住进上等客舍，他天天亲往舍中探望，凡是能够供给荆轲的东西，没有不送到的。等到秦将王翦灭了赵国，太子丹听说后非常害怕，便想送荆轲出行。荆轲说：“我现在前往秦国，但是没有令秦人信任我的理由，一定能接近秦王。倘若能得到樊将军的头颅和燕国督亢的地图，把它们献给秦王，秦王必定很高兴召见我，那时我才能刺杀他来回报您。”太子丹说：“樊将军在穷途末路时投奔我，我不忍心杀他啊！”于是，荆轲私下里去见樊於期说：“秦国对待你，可以说是残酷至极了，你的父母、宗族都被诛杀或没收为官奴！现在听说秦国悬赏黄金千斤、万户封地来买你的头颅，你打算怎么办呢？”於期流泪叹息道：“能想出什么办法呢？”荆轲说：“希望能得到你的头颅献给太子丹。秦王见此一定高兴而召见我，那时我左手拉住他的袖子，右手持匕首刺他的胸膛，那么你的大仇就可以得报，而且燕国遭受的耻辱也可以消除了！”樊於期说：“这正是我日夜渴望实现的事情！”于是，樊於期拔剑自刎。太子丹听说后，急奔而来，伏在尸体上痛哭，但已经无可奈何了，于是就用匣子装起樊於期的头颅。太子丹已预先找到了天下最锋利的匕首，命令工匠把匕首烧红浸入毒药中，又用这染毒的匕首试刺人，只渗出一丝血，没有不立即死去的。于是准备行装送荆轲出发，又派燕国的勇士秦舞阳做他的助手，让二人作为使者前往秦国。

【原文】

始皇帝下二十年（甲戌，公元前227年）荆轲至咸阳，因王宠臣蒙嘉卑辞以求见，王大喜，朝服，设九宾而见之。荆轲奉图以进于王，图穷而匕首见，因把王袖而揕之；未至身，王惊起，袖绝。荆轲逐王，王环柱而走。群臣皆愕，卒起不意，尽失其度。而秦法，群臣侍殿上者不得操尺寸之兵，左右以手共搏之，且曰："王负剑！"负剑，王遂拔以击荆轲，断其左股。荆轲废，乃引匕首擿王，中铜柱。自知事不就，骂曰："事所以不成者，以欲生劫之，必得约契以报太子也！"遂体解荆轲以徇。王于是大怒，益发兵诣赵，就王翦以伐燕，与燕师、代师战于易水之西，大破之。

【注释】

咸阳：秦国都城，今陕西咸阳。

九宾：为古代宾礼中最隆重的礼仪，主要有九个迎宾赞礼的官员延迎上殿。

图穷而匕首见：地图打开到最后，里面藏着的匕首露了出来。图，地图。穷，尽。见，同"现"。

卒：同"猝"。

兵：武器。

负：背。

股：腿。

擿：投掷。

徇：示众。

王翦：秦著名将领，在秦始皇统一六国的战争中立有大功。荆轲事件之后，秦王派王翦攻打燕国，在易水西击破燕军主力，逼迫燕王逃到辽东，平定了燕蓟。

【译文】

始皇帝下二十年（甲戌，公元前227年）荆轲到达秦国都城咸阳，通过秦王的宠臣蒙嘉，用谦卑的言辞求见秦王；秦王非常高兴，穿上朝会时穿的礼服，安排朝会大典接见荆轲。荆轲捧着地图进献给秦王，图卷全部展开后，匕首现了出来，荆轲乘机抓住秦王的袍袖，举起匕首刺向秦王；没等荆轲近身，秦王已惊恐地跃起，挣断袍袖。荆轲随即追逐秦王，秦王绕着柱子奔跑。这时，殿上的群臣都大吃一惊，事发突然，群臣全都失去了常态。秦国法律规定，在殿上侍从的群臣不得携带任何武器，众人只好徒手上前搏击荆轲，并喊道："大王把剑推到背上去！"于是秦王将剑推到背上，随即拔出剑来回击荆轲，砍断了他的左大腿。荆轲肢体受伤，就把匕首向秦王投了过去，却击中了铜柱。荆轲知道行刺之事已经无法完成，就大骂道："此事所以不能成功，只是想活捉你，迫使你订立契约，归还所兼并的土地，以此来报答燕太子！"于是，荆轲被分尸示众。秦王为此勃然大怒，增派军队到赵国，同王翦的大军攻打燕国，秦军在易水以西与燕军和代王的军队会战，大败燕、代军。荆

轲追逐刺杀秦王，秦王绕着柱子奔跑。

汉 纪

韩信破赵

【原文】

太祖高皇帝上之下三年（丁酉，公元前204年）冬，十月，韩信、张耳以兵数万东击赵。赵王及成安君陈余闻之，聚兵井陉口，号二十万。

【注释】

张耳：大梁（今河南开封市西北）人，汉时常山王。后封为赵王。汉高帝五年薨，谥曰景王。习称赵景王。年少时，曾为魏国公无忌（信陵君）座上常客。

陈余：大梁（今河南开封）人。秦末人物，魏地名士。《通鉴》卷七载："大梁人张耳、陈余相与为刎颈交。”

井陉口：要隘名。九塞之一。故址在今河北省井陉县北井陉山上。又县西有故关，乃井陉西出之口。

【译文】

汉高帝三年（丁酉，公元前204年）冬季，十月，韩信和张耳率领数万名士兵向东攻打赵国。赵王赵歇和成安君陈余听到这个消息，在井陉口集结部队，号称二十万大军。

【原文】

广武君李左车说成安君曰：“韩信、张耳乘胜而去国远斗，其锋不可当。臣闻‘千里馈粮，士有饥色；樵苏后爨，师不宿饱。’今井陉之道，车不得方轨，骑不得成列；行数百里，其势粮食必在其后。愿足下假臣奇兵三万人，从间路绝其辎重；足下深沟高垒勿与战。彼前不得斗，退不得还，野无所掠，不至十日，而两将之头可致于麾下；否则必为二子所禽矣。”成安君尝自称义兵，不用诈谋奇计，曰：“韩信兵少而疲，如此避而不击，则诸侯谓吾怯而轻来伐我矣。”

【注释】

樵苏后爨，师不宿饱：这句话的意思是临时打柴割草，烧火做饭，士兵们很难安饱。樵苏，砍柴刈草。樵，砍柴。苏，割草。爨，烧火做饭。

假：借。

间路：隐蔽小道。辎重：军需物资，此指粮草。

深沟高垒：深挖战壕，加高营垒。

【译文】

广武君李左车劝成安君道：“韩信、张耳乘胜势离开本国远征，其锋芒锐不可当。我听说：‘从千里之外供给军粮，士兵会面有饥色；临时拾柴割草来做饭，军队会常常食不果腹。’而今井陉这条路，车辆不能并行，骑兵不能成列；行军队伍前后拉开几百里，依此形势，随军的粮草必定在大部队的后面。望您拨给我三万人作为奇兵，抄小路截断对方的辎重粮草，而您则深挖壕沟、高筑营垒，坚守不出战。这样一来，他们向前无仗可打，退后无路可回，野外又无什么东西可抢，用不了十天，韩信、张耳这两个将领的头颅就可以献到您的帐前了；不这样做肯定要被他们二人所俘获。”陈余曾经自称是义兵，不屑于使用诈谋奇计，故说：“韩信兵力单薄且又疲惫不堪，对这样的军队还避而不击，诸侯会认为我胆怯而随便来攻打我了。”

【原文】

韩信使人间视，知其不用广武君策，则大喜，乃敢引兵遂下。未至井陉口三十里，止舍。夜半，传发，选轻骑二千人，人持一赤帜，从间道萆山而望赵军。诫曰："赵见我走，必空壁逐我；若疾入赵壁，拔赵帜，立汉赤帜。"令其裨将传餐，曰："今日破赵会食！"诸将皆莫信，佯应曰"诺。"信曰："赵已先据便地为壁；且彼未见吾大将旗鼓，未肯击前行，恐吾至阻险而还也。"乃使万人先行，出，背水陈；赵军望见而大笑。

【注释】

间视：暗中探听，窥伺。

萆：通"蔽"，隐蔽。

空壁：全军离营。

大将旗鼓：主将的旗帜和仪仗。

【译文】

韩信派人暗中打探消息，得知陈余不采纳广武君的计策，异常高兴，于是大胆率军径直前进。在距离井陉口三十里的地方停下来安营扎寨。到半夜时分，韩信传令部队出发，挑选两千名轻骑兵，每人手拿一面红旗，从小道上山隐蔽起来，观察赵军的动向；并告诫他们说："交战时赵军看到我军退却，必会倾巢出动来追赶我们；你们就趁机快速冲入赵军营垒，拔掉赵军的旗帜，遍插汉军的红旗。"又命他的副将送一些食物给将士们，对他们说："待今天打败赵军后再会餐！"众将领们都不相信，只是假意应承道："好吧。"韩信说："赵军已经抢先占据了有利地形安营扎寨，而且他们没有看见我军大将的旗鼓，是不肯出兵攻打我们先头部队的，这是因为他们怕我军到了险要的地方，遇阻后就会撤回去。"韩信随即命一万人打先锋，出井陉口，背靠河水摆开阵列；赵军望见后都哗然大笑。

【原文】

平旦，信建大将旗鼓，鼓行出井陉口；赵开壁击之，大战良久。于是信与张耳佯弃鼓旗，走水上军；水上军开入之，复疾战。赵果空壁争汉旗鼓，逐信、耳。信、耳已入水上军，军皆殊死战，不可败。信所出奇兵二千骑共候赵空壁逐利，则驰入赵壁，皆拔赵旗，立汉赤帜二千。赵军已不能得信等，欲还归壁；壁皆汉赤帜，见而大惊，以为汉皆已得赵王将矣，兵遂乱，遁走，赵将虽斩之，不能禁也。于是汉兵夹击，大破赵军，斩成安君泜水上，擒赵王歇。

【注释】

平旦：天刚亮。

逐利：追夺战利品。

【译文】

天刚蒙蒙亮的时候，韩信打出了大将的旗鼓，敲着战鼓开出了井陉口；赵军打开营门迎击，双方激战了很久。这时，韩信和张耳便假装丢旗弃鼓，逃回河边的阵营；河边部队大开营门放他们进去，然后双方又展开鏖战。赵军果然倾巢出动，争抢汉军抛下的旗鼓，追逐韩信和张耳。韩信、张耳进入河边的阵地后，全军上下都拼死奋战，赵军无法打败他们。韩信派出的二千名骑兵等到赵军将士全体出动去追逐抢夺战利品时，立刻快速进入赵军营地，拔掉所有赵军旗帜，插上两千面汉军红旗。赵军已经无法抓获韩信等人，想退回营地；却见自己的营垒中遍是汉军的红旗，都惊慌失措，以为汉军已将赵王的将领全部擒获了，于是士兵们大乱，纷纷逃跑，赵将虽然不停地斩杀逃兵，但也无法禁止溃败之势。汉军随即前后夹击，大败赵军，在水边杀了陈余，活捉了赵王歇。

【原文】

诸将效首虏，毕贺，因问信曰：“兵法：‘右倍山陵，前左水泽。’今者将军令臣等反背水陈，曰‘破赵会食’，臣等不服，然竟以胜。此何术也？”信曰：“此在兵法，顾诸君不察耳！兵法不曰：‘陷之死地而后生，置之亡地而后存’？且信非得素拊循士大夫也，此所谓‘驱市人而战之’，其势非置之死地，使人人自为战；今予之生地，皆走，宁尚可得而用之乎！”诸将皆服，曰：“善！非臣所及也。”

【注释】

效：呈献，贡献。首虏：首级和俘虏。

右倍山陵，前左水泽：右面靠着山陵，前方和左面靠着水泽。倍，背靠，背向。

拊循：抚慰，顺从。引申为受过训练，听从指挥。士大夫：指一般将士。

【译文】

将领们献上赵军的首级和俘虏，都向韩信祝贺，并问韩信说："兵法上提出：'布军列阵要右面和背面靠着山陵，前面和左边靠着水泽。'而这次您却反而让我们背水布阵，还说'待打败赵军后再会餐'，我们当时都颇不信服，结果竟然取胜了。这是什么战术呀？"韩信说："这战术也是兵法上有的，只不过你们没有留意罢了！兵法上不是说'陷之死地而后生，置之亡地而后存'吗？况且我所率领的不是平时训练有素的将士，这就是所谓的'驱赶着街市上的平民百姓去作战'，势必非把他们置于死地，使他们人人为各自的生存而战不可；如果我给他们留下活路，他们就会逃走了，那样一来，怎么还能用他们去冲锋陷阵啊！”将领们都心悦诚服地说：“是啊！您的谋略不是我们所能比的呀！”

【原文】

信募生得广武君者予千金。有缚致麾下者，信解其缚，东乡坐，师事之。问曰：“仆欲北伐燕，东伐齐，何若而有功？”广武君辞谢曰：“臣，败亡之虏，何足以权大事乎！”信曰：“仆闻之：百里奚居虞而虞亡，在秦而秦霸；非愚于虞而智于秦也，用与不用，听与不听也。诚令成安君听足下计，若信者亦已为禽矣；以不用足下，故信得侍耳。今仆委心归计，愿足下勿辞！”广武君曰：“今将军涉西河，虏魏王，禽夏说；东下井陉，不终朝而破赵二十万众，诛成安君；名闻海内，威震天下，农夫莫不辍耕释耒，褕衣甘食，倾耳以待命者，此将军之所长也。然而众劳卒罢，其实难用。今将军欲举倦敝之兵顿之燕坚城之下，欲战不得，攻之不拔，情见势屈；旷日持久，粮食单竭。燕既不服，齐必距境以自强。燕、齐相持而不下，则刘、项之权未有所分也，此将军所短也。善用兵者，不以短击长而以长击短。”

韩信曰：“然则何由？”广武君对曰：“方今为将军计，莫如按甲休兵，镇抚赵民，百里之内，牛酒日至，以飨士大夫；北首燕路，而后遣辩士奉咫尺之书，暴其所长于燕，燕必不敢不听从。燕已从而东临齐，虽有智者，亦不知为齐计矣。如是，则天下事皆可图也。兵固有先声而后实者，此之谓也。”韩信曰：“善！”从其策，发使使燕，燕从风而靡；遣使报汉，且请以张耳王赵，汉王许之。楚数使奇兵渡河击赵，张耳、韩信往来救赵，因行定赵城邑，发兵诣汉。

【注释】

释耒：放下农具。谓停止耕作。

褕衣甘食：褕衣，美衣。穿漂亮衣服，吃美味食品。

首：方位。

【译文】

韩信悬赏千金招募活捉广武君李左车的人。不久就有人将李左车绑送到韩信帐前。韩信立刻为他松绑，让他面朝东而坐，以老师的礼节对待李左车。问李左车道："我想向北攻打燕国，向东征伐齐国，该如何做才能成功呢？"李左车推辞说："我是一个兵败国亡的阶下囚，哪里有资格来谋划大事啊！"韩信道："我听说百里奚在虞国而虞国灭亡，在秦国而秦国称霸；这并不是百里奚在虞国时愚蠢，在秦国时聪明，而是在于国君用不用他，接不接受他的建议。如果成安君陈余真的采纳了您的计策，像我韩信这样的人早就被俘虏了；只是因为他不接受您的意见，所以我才能够侍奉在您身边向您请教啊。现在我实心实意地听取您的计策，望您不要推辞。”李左车于是说：“如今您渡过西河，俘获魏王，生擒夏说；东下井陉口，用了不到一个早上的时间就打垮了赵军二十万人马，杀了成安君，名闻海内，威震天下，使农夫们慑于您的声势，无不放下农具停止耕作，只图穿漂亮衣服、吃美味食品，恭候将军您的号令，这是将军您用兵的长处。然而如今百姓实在劳苦不堪，士兵已疲惫之极，实在是很难再用他们去继续攻伐了。现在您想要调动疲惫困乏的军队停扎在燕国防守坚固的城池下面，结果是想打打不了，要攻又攻不下，军队内情暴露在敌前，威势也就随之减弱，如此时间久了，粮食必将耗尽。且燕国这样弱小的国家都不肯屈服，齐国必定要据守边境逞一时之强。这么一来，燕、齐两国都与汉军对峙，相持不下，刘邦和项羽双方胜负的趋势也难见分晓，这是将军您用兵的短处。善于用兵的人，从不以自己的短处去攻击他人的长处，而是用自己的长处去对付他人的短处。”韩信说：“既然如此，那该怎么办呢？”李左车答道：“现在将军最好的办法，不如按兵不动，暂作休整，镇守并安抚赵国的百姓，使方圆百里之内，天天都有人送来牛肉美酒犒劳众将士；将部队向北移动，指向通往燕的道路，然后派遣能言善辩的人拿着一封书信去向燕国炫耀汉军的优势，燕国一定不敢不听从。燕国已经顺服了，再向东威临齐国，如此，纵使有聪明人，也不知道该怎样为齐国出谋划策了。这样，天下大事就可图谋了。用兵之道原本便有先造声势然后再有行动的，我这里所说的就是这个道理。”韩信说：“好。”随即采用李左车的计策，派使者出使燕国，燕国听到消息就立即归降了；韩信于是派人向汉王刘邦报告，并请求封张耳为赵王，刘邦应允了。

这时楚国屡次派兵渡过黄河袭击赵国，张耳、韩信往来奔波，救援赵国，乘势平定了所经过的赵国的城邑，随即又调兵赶赴增援汉王。

【原文】

伐赵之役，韩信军于泜水之上而赵不能败。彭城之难，汉王战于睢水之上，士卒皆赴入睢水而楚兵大胜。何则？赵兵出国迎战，见可而进，知难而退，怀内顾之心，无出死之计；韩信军孤在水上，士卒必死，无有二心，此信之所以胜也。汉王深入敌国，置酒高会，士卒逸豫，战心不固；楚以强大之威而丧其国都，士卒皆有愤激之气，救败赴亡之急，以决一旦之命，此汉之所以败也。且韩信选精兵以守，而赵以内顾之士攻之；项羽选精兵以攻，而汉以怠惰之卒应之。此同事而异情者也。

【注释】

泜水：古代鸿沟支派之一，故道自今河南开封县东从鸿沟分出东流经杞县、睢县北，宁陵、商丘南，夏邑、永城北，安徽濉溪县南，宿县、灵璧、江苏睢宁北，至宿迁市南注入古代泗水。

逸豫：安乐。

【译文】

汉军攻打赵国这场战役，韩信率军驻扎在地形不利的泜水边上，但赵军却无法将其打败。

彭城遭陷落一仗，汉王也在睢水岸边作战，但士兵却被赶入睢水，楚军大获全胜。这是为什么呢？赵军出国迎战汉军，见到可以打赢就前进，知道难于取胜就后退，怀着关顾自身存亡的心理，没有出阵拼死一搏的打算；而韩信的军队孤立无援地在水边，士兵背水作战，不进就必死无疑，故将士们都不怀二心，抱定决一死战的信念。这就是韩信所以能获胜的原因。

汉王深入到敌国，摆设酒宴，兵士们安逸快乐，求战心理不稳固；而楚国凭着它强大的威势却丢失了自己的国都，将士们个个义愤填膺，急于挽救败局，无畏惧地奔向死亡，以决胜败。

这便是汉军所以失败的原因。况且韩信挑选精兵坚守阵地，赵军却用瞻前顾后的士兵去攻打他；项羽选择精兵发动进攻，汉军却用怠惰散漫的将士去应战。这就是所做的事情相同，而结果不同的例子啊。

【原文】

故曰：权不可豫设，变不可先图；与时迁移，应物变化，设策之机也。

【注释】

与时：指准确把握时代特征。

【译文】

所以说，应对事物的权变是不可预先设计好的，事态的变化也是不能事先谋划定的；而是要随着时局的变化而变动，应事物的发展而变化，这才是制订策略的关键。

【原文】

汉太祖高皇帝三年（丁酉，公元前204年）汉王谓陈平曰："天下纷纷，何时定乎？"陈平曰："项王骨鲠之臣，亚父、钟离昧、龙且、周殷之属，不过数人耳。大王诚能捐数万斤金，行反间，间其君臣，以疑其心；项王为人，意忌信谗，必内相诛，汉因举兵而攻之，破楚必矣。"汉王曰："善！"乃出黄金四万斤与平，恣所为，不问其出入。平多以金纵反间于楚军，宣言："诸将钟离昧等为项王将，功多矣，然而终不得裂地而王，欲与汉为一，以灭项氏而分王其地。"项王果意不信钟离昧等。

【注释】

陈平：刘邦谋臣。足智多谋，锐意进取，屡以奇计辅佐刘邦定天下，汉初被封为曲逆侯。汉文帝时，曾升为右丞相，后改任左丞相。

骨鲠之臣：忠直敢于直言进谏的属下。

亚父：即范增，项羽的主要谋士，被尊称为"亚父"。钟离昧：楚王项羽的大将。龙且、周殷：均为项羽的大将。

捐：舍弃。

间：离间。

恣：放纵，没有拘束。

【译文】

汉太祖高皇帝三年（丁酉，公元前204年）汉王刘邦对陈平说："天下纷扰混乱，什么时候才能太平呢？"陈平说："项王身边正直忠心的臣子，亚父、钟离昧、龙且、周殷这些人，只不过几个而已。大王如果能拿出数万斤金，行反间计，离间他们君臣，让他们互生疑心；项王为人，易于猜忌，易听信谗言，这样一来，君臣之间起了疑心，他们内部必定互相残杀，我们借机发兵去攻打他们，一定能够击败楚军。"汉王说："好！"便拿出黄金四万斤交给陈平，任由他自己掌握，不过问他使用的情况。陈平用许多黄金在楚军中进行离间活动，扬言说："各位将领如钟离昧等，他们为项王领兵打仗，立了那么多功劳，然而却终究不能分得一块土地而称王，现在他们要跟汉联合，消灭项氏，瓜分楚国的土地，各自称王。”项王果然有所猜忌，不再信任钟离昧等人。

四面楚歌

【原文】

夏，四月，楚围汉王于荥阳，急；汉王请和，割荥阳以西者为汉。亚父劝羽急攻荥阳；汉王患之。项羽使使至汉，陈平使为大牢具。举进，见楚使，即佯惊曰：“吾以为亚父使，乃项王使！”复持去，更以恶草具进楚使。楚使归，具以报项王；项王果大疑亚父。亚父欲急攻下荥阳城，项王不信，不肯听。亚父闻项王疑之，乃怒曰：“天下事大定矣，君王自为之，愿请骸骨归！”未至彭城，疽发背而死。

【注释】

荥阳：今河南荥阳西。

患：担心，担忧。

大牢具：即太牢具。盛牲的食具叫牢，大的叫太牢，太牢盛牛、羊、豕三牲，因此宴会或祭祀时并用三牲也称为太牢。这里指用丰盛的酒食款待。

恶草具：粗糙简陋的待客食具。

请骸骨：请求退休。

彭城：今江苏徐州。

疽：指毒疮。

【译文】

夏季，四月，楚军在荥阳包围了汉王，形势紧急；刘邦向项羽请求议和，将荥阳以西地区划为汉。亚父范增劝项羽急攻荥阳，汉王十分担心。项羽派使者到刘邦处，陈平准备了丰盛的酒食，命人端去款待楚国的使者，一见楚使，就假装吃惊地说："我以为是亚父的使者，原来是项王派来的！"又让人把东西端走，改换成粗劣的酒食送给楚使食用。楚使回去后把这些情况如实禀报给项王，项王果然对亚父起了疑心。亚父急着要攻下荥阳城，项王不信任他，不肯听他的建议。亚父闻听项王对他有疑心，于是怒气冲冲地说：“天下大局已定，君王好自为之，请让老臣告老还乡吧。”范增还未到彭城，就因背上的毒疮发作死去。

【原文】

五月，将军纪信言于汉王曰：“事急矣！臣请诳楚，王可以间出。”于是陈平夜出女子东门二千余人，楚因四面击之。纪信乃乘王车，黄屋，左纛，曰：“食尽，汉王降。”楚皆呼万岁，之城东观。以故汉王得与数十骑出西门遁去，令韩王信与周苛、魏豹、枞公守荥阳。羽见纪信，问：“汉王安在？”曰：“已出去矣。”羽烧杀信。周苛、枞公相谓曰：“反国之王，难与守城！”因杀魏豹。

【注释】

纪信：刘邦手下将领，在“楚汉之争”中保护刘邦有功。

诳：欺骗。

纛：古时军队或仪仗队的大旗。

【译文】

五月，将军纪信对汉王说：“势态紧急！请让臣用计策迷惑一下楚军，您可以趁机离开荥阳城。”于是陈平在夜里将二千多名女子放出城东门，楚军即刻便从四面围击她们。纪信于是乘汉王的车，车上张黄盖，左边竖着汉王的旗帜，驶到楚军面前，说道：“我军的粮食已经吃光了，汉王前来乞降。”楚人都山呼万岁，涌到城东来围观。汉王借此机会带着数十骑从西门出城逃走，令韩王信与周苛、魏豹、枞公守荥阳。项羽见到纪信，问："汉王在哪里？"纪信回答道："已经出城走了。"项羽烧死了纪信。周苛、枞公商议说："背叛汉国的君王魏豹，很难让人和他一道守城！"于是杀了魏豹。

【原文】

汉高帝四年八月项羽自知少助；食尽，韩信又进兵击楚，羽患之。汉遣侯公说羽请太公。羽乃与汉约，中分天下，割鸿沟以西为汉，以东为楚。九月，楚归太公、吕后，引兵解而东归。汉王欲西归，张良、陈平说曰："汉有天下太半，而诸侯皆附；楚兵疲食尽，此天亡之时也。今释弗击，此所谓'养虎自遗患'也。"汉王从之。

【注释】

韩信：刘邦大将，汉初著名军事家。

太公：汉王刘邦的父亲。

洪沟：即鸿沟。古代最早沟通黄河和淮河的人工运河。西汉时期又称狼汤渠。

释：放弃。

养虎自遗患：留着老虎不除掉，就会成为后患。比喻纵容坏人坏事，留下后患。

【译文】

高帝四年八月项羽自知楚军缺乏援助，粮草即将用尽，韩信又进兵击楚，项羽心中非常忧虑。汉王派侯公见项羽，劝说他放回太公。于是项羽和汉王约定，平分天下，鸿沟以西划归汉，鸿沟以东划归楚。九月，项羽放还了太公和吕后，带兵解阵东行归去。汉王打算西归关中，张良、陈平劝阻说："汉已拥有大半个天下，诸侯也都前来归附；楚兵疲惫不堪，粮草将尽，这是上天让我们灭楚的最好时机。今天放走楚军而不去追击，这就是所谓的‘饲养猛虎给自己留下后患’呀。”

汉王听从了他们的建议。

【原文】

太祖高皇帝中五年（己亥，公元前202年）冬，十月，汉王追项羽至固陵，与齐王信、魏相国越期会击楚；信、越不至，楚击汉军，大破之。汉王复坚壁自守，谓张良曰：“诸侯不从，奈何？”对曰：“楚兵且破，二人未有分地，其不至固宜；君王能与共天下，可立致也。齐王信之立，非君王意，信亦不自坚；彭越本定梁地，始，君王以魏豹故拜越为相国；今豹死，越亦望王，而君王不早定。今能取睢阳以北至谷城皆以王彭越，从陈以东傅海与韩王信。信家在楚，其意欲复得故邑。能出捐此地以许两人，使各自为战，则楚易破也。”汉王从之。于是韩信、彭越皆引兵来。

【注释】

固陵：古地名，今河南淮阳西北。

齐王信：即韩信，时为齐王。魏相国越：即彭越，汉初著名将领。拜魏相国，又被封为梁王。

且：将要，快要。

致：招引，引来。

魏豹：六国时魏国的公子。

睢阳：今河南商丘南。谷城：今山东东阿。

陈：陈州，相当于今河南周口地区。

【译文】

汉高帝五年（己亥，公元前202年）冬季，十月，汉王追击项羽到了固陵，与齐王韩信、魏相国彭越约定日期合击楚军。但是韩信、彭越的军队没有来，楚军攻打汉军，汉军大败。汉王只好重新坚固营垒加强防守，并对张良说："诸侯不听我的，怎么办？"张良答道："楚军即将被打败，而韩信、彭越二人没有分封到明确的土地，他们不按约期前来会合是必然的。君王如果能与他们一起共分天下，就可以立即把他们招来。齐王韩信的封立，不是您的本意，韩信自己也不放心。彭越平定了梁地，当初，您因为魏豹的缘故封彭越为魏国相国；现在魏豹死了，彭越也在等着您封他为王，但您却不早作决定。现在，您可以把从睢阳以北到谷城的土地都封给彭越，把从陈县以东到沿海一带的区域封给齐韩信。韩信的家乡在楚地，他的本意是想要重新得到自己故乡的土地。假如您答应分割这些土地给他们二人，让他们各自为自己的利益而战，那么楚军就很容易攻破了。"汉王听从了张良的建议。于是韩信、彭越都率军前来。

【原文】

十一月，刘贾南渡淮，围寿春，遣人诱楚大司马周殷。殷畔楚，以舒屠六，举九江兵迎黥布，并行屠城父，随刘贾皆会。十二月，项王至垓下，兵少，食尽，与汉战不胜，入壁；汉军及诸侯兵围之数重。项王夜闻汉军四面皆楚歌，乃大惊曰："汉皆已得楚乎？是何楚人之多也！"则夜起，饮帐中，悲歌慷慨，泣数行下；左右皆泣，莫能仰视。于是项王乘其骏马名骓，麾下壮士骑从者八百余人，直夜，溃围南出驰走。平明，汉军乃觉之，令骑将灌婴以五千骑追之。项王渡淮，骑能属者才百余人。至阴陵，迷失道，问一田父，田父绐曰"左"。左，乃陷大泽中，以故汉追及之。

【注释】

垓下：古地名，在今安徽灵壁东南。

骓：毛色青白相杂的马。

麾下：指将帅的部下。

平明：天刚亮的时候。

灌婴：汉初名将。

属：连接，跟着。

阴陵：春秋楚邑。为项羽兵败后迷失道处，汉时置县。故城在今安徽定远西北。

【译文】

十一月，刘邦的堂兄刘贾南渡淮河，包围了寿春，派人去诱降楚国的大司马周殷。周殷即反叛楚国，用舒地的兵力屠灭了六县，并调发九江的部队迎接黥布，一同去屠灭了城父县，接着随同刘贾等人一齐会合。

十二月，项王到了垓下，兵少粮尽，与汉军交战未能取胜，便退守营垒；这时汉军和诸侯的军队将项王的军营重重包围起来。项王夜里听见汉军阵营中到处传唱楚歌，于是惊问道："汉军已经得到所有楚国的土地了吗？怎么楚人这么多！"项王便连夜起身，在帐中饮酒，慷慨悲歌，泪下数行；身边的人也都哭泣，不忍心抬头看他。于是项王骑上他的骏马骓，带领八百多名壮士骑从，当夜突围往南奔驰。天大亮时，汉军才发觉，便命令骑将灌婴率五千骑兵追击。项王渡过淮河的时候，相随的骑兵能跟得上他的才一百多人。项羽一行人到阴陵时迷了路，便向一农夫问路，农夫骗他们说"向左"。项羽等向左走，却陷入大沼泽地中，汉军因此追上了他们。

【原文】

项王乃复引兵而东，至东城，乃有二十八骑；汉骑追者数千人。项王自度不得脱，谓其骑曰："吾起兵至今，八岁矣；身七十余战，未尝败北，遂霸有天下。然今卒困于此，此天之亡我，非战之罪也！今日固决死，愿为诸君快战，必溃围，斩将，刈旗，三胜之，令诸君知天亡我，非战之罪也。”乃分其骑以为四队，四乡。汉军围之数重。项王谓其骑曰：“吾为公取彼一将。”令四面骑驰下，期山东为三处。于是项王大呼驰下，汉军皆披靡，遂斩汉一将。是时，项羽一行人到阴陵时迷了路，向一农夫问路，农夫骗他们说“向左”。

郎中骑杨喜追项王，项王瞋目而叱之，喜人马俱惊，辟易数里。项王与其骑会为三处，汉军不知项王所在，乃分军为三，复围之。项王乃驰，复斩汉一都尉，杀数十百人；复聚其骑，亡其两骑耳。乃谓其骑曰：“何如？”骑皆伏曰：“如大王言！”

【注释】

东城：今安徽定远东南。

刈旗：砍断敌旗。刈，砍断。

披靡：草木随风倒伏，比喻军队溃败。

郎中骑：骑兵禁卫官。当时的武职名称。

瞋目：睁大眼睛。叱：大声责骂。

辟易：惊慌地退避，避开。

都尉：武官名。始置于战国，位略低于将军。秦时设郡，掌郡内军事。西汉时为郡守之辅佐，掌全郡军事。

【译文】

项王于是再领兵向东走，到东城，相随的只有二十八个骑兵了；而汉军骑兵追逐前来的有几千人。项王估计不能脱身，便对他的骑兵们说："我从起兵到现在，已经八年了，身经七十多次战斗，不曾失败过，这才霸有天下。但是今天最终被困在这里，这是上天要灭亡我啊，不是我用兵有什么过错！今天定要一决生死，愿为你们痛快地打一仗，一定突出重围，斩杀敌将，拔取敌旗，接连三次取胜，让你们知道这是天要亡我，不是我用兵的过错。"于是分二十八骑为四队，向四个方向冲杀。汉军将他们重重包围。项王对他的骑兵们说："看我为你们斩杀他一员将领！"命令骑士们从四面奔驰而下，约定在山的东边分三处会合。于是项王大声呼喝着策马飞奔而下，汉军随即都溃败散乱，项王就斩杀了一员汉将。这时，郎中骑杨喜追击项王，项王瞪着双眼厉声呵斥他，杨喜人马都受到惊吓，退避了好几里地。项王与他的骑兵们分三处会合，汉军不知道项王究竟在哪里，于是分兵三路，又把他们包围起来。项王随即奔驰冲杀，又斩杀了汉军的一名都尉，杀死汉军近百人，重新聚拢他的骑兵，至此仅仅损失了两名骑士。项王就对他的骑兵们说："怎么样？"骑兵们都敬服地说："正如大王所说。"

【原文】

于是项王欲东渡乌江，乌江亭长舣船待，谓项王曰："江东虽小，地方千里，众数十万人，亦足王也。愿大王急渡！今独臣有船，汉军至，无以渡。”项王笑曰：“天之亡我，我何渡为！且籍与江东子弟八千人渡江而西，今无一人还；纵江东父兄怜而王我，我何面目见之！纵彼不言，籍独不愧于心乎！”乃以所乘骓马赐亭长，令骑皆下马步行，持短兵接战。独籍所杀汉军数百人，身亦被十余创。顾见汉骑司马吕马童，曰：“若非吾故人乎？”马童面之，指示中郎骑王翳曰：“此项王也。”项王乃曰：“吾闻汉购我头千金，邑万户；吾为若德。”乃自刎而死。王翳取其头；余骑相蹂践争项王，相杀者数十人；最其后，杨喜、吕马童及郎中吕胜、杨武各得其一体；五人共会其体，皆是，故分其户，封五人皆为列侯。

【注释】

乌江：在安徽和县境内。

亭长：秦汉时每十里为一项羽策马飞奔杀入汉阵，汉军随即都溃败散乱。亭，设亭长一人，掌治安、诉讼等事。舣船：使船靠岸。

骑司马：项羽自立建立郡国后采用的新的军事官职。

德：情义，恩惠。

蹂践：踩踏。

列侯：爵位名。秦制爵分二十级，彻侯位最高。汉承秦制，为避汉武帝刘彻讳，改彻侯为通侯，或称列侯。

【译文】

这时项王想东渡乌江，乌江亭长把船停在岸边等着他，并对项王说："江东虽然狭小，土地方圆千里，民众几十万人，却也足够用以称王的了。望大王赶快渡江！现在只有我有船，汉军即使追到，也无法过江。"项王笑着说："上天要灭亡我，我还要渡江做什么！况且我与江东子弟八千人渡江西征，如今没有一人回去；纵使江东父兄怜惜我，仍然视我为王，可我又有何面目去见他们！即便他们不说什么，难道我就无愧于心吗！”于是把自己所骑的骓送给了亭长，命令他的骑兵都下马步行，手持短兵器迎战。仅项王一人就杀死汉军几百人，项王自己也身受十多处伤。项王回头看见汉军骑司马吕马童，就说：“你不是我的老朋友吗？”吕马童看到了，指给中郎骑王翳说：“这就是项王！”项王便说道：“我听说汉王以千金悬赏我的头颅，分给享用万户赋税的封地，我就把这份好处留给故人吧。”于是自刎而死。王翳取下项王的头颅。其余的骑兵相互践踏争抢项王的躯体，互相残杀的有几十个人。到了最后，杨喜、吕马童和郎中吕胜、杨武各夺得项王的一部分肢体。五个人把项王的肢体会合拼凑到一起，都对得上，在封赏时，将悬赏的封地分为五份，五人都被封为列侯。

【原文】

楚地悉定，独鲁不下；汉王引天下兵欲屠之。至其城下，犹闻弦诵之声；为其守礼义之国，为主死节，乃持项王头以示鲁父兄，鲁乃降。汉王以鲁公礼葬项王于谷城，亲为发哀，哭之而去。诸项氏枝属皆不诛。封项伯等四人皆为列侯，赐姓刘氏；诸民略在楚者皆归之。

【注释】

谷城：宋白曰：宋州谷熟县，古谷城也。一说位于山东省西南部。楚汉战争时，东平一带曾是项羽的根据地，驻扎着项羽的后方精锐部队，故项羽死后葬此。

【译文】

楚地全部平定了，唯独鲁县仍不投降。汉王刘邦率领天下的兵马，打算屠灭它。大军抵达城下，仍然能听到城中礼乐弦诵的声音；由于鲁县是信守礼义的故国，为自己的君主尽忠守节，汉军便拿出项羽的头颅给鲁县的父老看，鲁县父老这才投降。汉王用葬鲁公的礼仪把项羽葬在谷城，并亲自为项羽发丧举哀，哭了一阵后离去。对项羽的家族亲属都不加杀害，还把项伯等四人都封为列侯，赐他们姓刘，将过去被掳掠到楚国来的百姓们都交给他们统治。

诛灭诸吕

【原文】

高后元年（甲寅，公元前187年）冬，太后议欲立诸吕为王，问右丞相陵，陵曰："高帝刑白马盟曰：'非刘氏而王，天下共击之。'今王吕氏，非约也。"太后不说。问左丞相平、太尉勃，对曰："高帝定天下，王子弟；今太后称制，王诸吕，无所不可。"太后喜。罢朝。王陵让陈平、绛侯曰："始与高帝喋血盟，诸君不在邪！今高帝崩，太后女主，欲王吕氏；诸君纵欲阿意背约，何面目见高帝于地下乎？"陈平、绛侯曰："于今，面折廷争，臣不如君；全社稷，定刘氏之后，君亦不如臣。"陵无以应之。

十一月甲子，太后以王陵为帝太傅，实夺之相权；陵遂病免归。

【注释】

太后：刘邦皇后吕雉。

右丞相陵：王陵，刘邦的重臣之一。孝惠帝六年（公元前189年），相国曹参去世，安国侯王陵为右丞相，陈平为左丞相。

说：同“悦”。

太尉：掌军事，地位与丞相相同。勃：即周勃，是刘邦的大将，被封为绛侯。

王子弟：封子弟为王。

让：责备。

喋血盟：古代几方相会结盟时的一种仪式。口中含牲血表示忠诚。一说手指蘸血涂在口四周。喋血，即“歃血”。

阿意：迎合他人的意旨。

太傅：太子太傅，辅导太子的官。

【译文】

高后元年（甲寅，公元前187年）冬天，吕太后与臣下商议，打算册封吕氏外戚为诸侯王，于是征询右丞相王陵的意见，王陵回答说："高皇帝当年曾与群臣杀白马盟誓：'假若不是刘姓的人称王，天下臣民共同讨伐他。'如今分封吕氏为王，违背了白马之盟所约。"太后听了，很不高兴。又问左丞相陈平、太尉周勃，他们回答说："高皇帝平定天下，分封刘姓子弟为王；如今太后临朝管理国家，那么封吕氏子弟为王，没有什么不可以的。"太后听了很高兴。罢朝后王陵责备陈平、周勃道："当初和高皇帝歃血盟誓时，你们不在吗？现在高帝驾崩，太后以女主当政，要封吕氏为王；你们想要迎合太后的意旨，违背誓约，将来有何面目去见高帝？"陈平、周勃对王陵说：“如今在朝廷之上当面谏阻太后，我们不如您；可将来保全社稷，安定刘氏后人，您就不如我们了。”王陵无言答对。十一月，甲子，太后升王陵为皇帝的太傅，实际上剥夺了他右丞相的实权；王陵于是称病不再上朝，不久，就被免职归家。

【原文】

乃以左丞相平为右丞相；以辟阳侯审食其为左丞相，不治事，令监宫中，如郎中令。食其故得幸于太后，公卿皆因而决事。

【注释】

审食其：刘邦同乡，汉初被封为辟阳侯。

郎中令：皇帝左右亲近的高级官职。

【译文】

太后升左丞相陈平为右丞相；任命辟阳侯审食其

为左丞相，但不履行左丞相的职权，而是只让他监理官廷事务，同郎中令一样。审食其过去得到太后的宠幸，公卿都按照他的意思办事。

【原文】

太后怨赵尧为赵隐王谋，乃抵尧罪。上党守任敖尝为沛狱吏，有德于太后；乃以为御史大夫。太后又追尊其父临泗侯吕公为宣王，兄周吕令武侯泽为悼武王，欲以王诸吕为渐。

【注释】

赵隐王：刘邦之子刘如意，戚夫人所生，后为吕后所杀。赵尧为赵王谋，事见《资治通鉴》高祖十年。

上党：上党郡，在今山西的东南部。任敖：初为沛县狱吏，与刘邦友善，后跟随刘邦起兵。御史大夫：秦置，为御史台长官，地位仅次于丞相，掌管弹劾纠察及图籍秘书，与丞相（大司徒）、太尉（大司马）合称“三公”。

【译文】

太后怨恨赵尧当年为高祖设谋保全赵王刘如意之事，就治了他的罪。上党郡守任敖曾经做过沛县狱吏，有恩德于太后，太后就任用任敖为御史大夫。太后又追尊早已去世的父亲临泗侯吕公为宣王，追尊其兄周吕令武侯吕泽为悼武王，想以此为分封诸吕为王的开端。

【原文】

高后八年（辛酉，公元前180年）秋，七月，太后病甚，乃令赵王禄为上将军，居北军；吕王产居南军。太后诫产、禄曰：“吕氏之王，大臣弗平。我即崩，帝年少，大臣恐为变。必据兵卫宫，慎毋送丧，为人所制！”辛巳，太后崩。遗诏：

大赦天下，以吕王产为相国，以吕禄女为帝后。高后已葬，以左丞相审食其为帝太傅。

【注释】

北军：汉代守卫京师的屯卫兵。未央宫在京城西南，其卫兵称南军；长乐宫在京城东面偏北，其卫兵称北军。

【译文】

高后八年（辛酉，公元前180年）秋季，七月，太后病重，于是下令任命赵王吕禄为上将军，统率北军；吕王吕产统率南军。太后告诫吕产、吕禄说：“封立吕氏为王，大臣心中不服。我就要死了，皇帝年幼，大臣中恐怕会有人乘机向吕氏发难。你们一定要统率禁军保卫皇宫，千万不要为送丧而轻离重地，以免被人所制！”辛巳（三十日），太后驾崩，留下遗诏：大赦天下，以吕王吕产为相国，以吕禄之女为皇后。高后下葬之后，左丞相审食其出任皇帝太傅。

【原文】

诸吕欲为乱，畏大臣绛、灌等，未敢发。朱虚侯以吕禄女为妇，故知其谋，乃阴令人告其兄齐王，欲令发兵西，朱虚侯、东牟侯为内应，以诛诸吕，立齐王为帝。齐王乃与其舅驷钧、郎中令祝午、中尉魏勃阴谋发兵。齐相召平弗听。八月丙午，齐王欲使人诛相；相闻之，乃发卒卫王宫。魏勃绐召平曰："王欲发兵，非有汉虎符验也。而相君围王固善，勃请为君将兵卫王。"召平信之。勃既将兵，遂围相府；召平自杀。于是齐王以驷钧为相，魏勃为将军，祝午为内史，悉发国中兵。

【注释】

朱虚侯：刘章，齐悼惠王刘肥次子。刘肥是汉高祖长子，公元前201年，立刘肥为齐王。惠帝终，刘肥去世，子襄立，是为齐哀王。刘章到长安入宿卫，被吕后封为朱虚侯，并以吕禄女妻之。文帝即位，因朱虚侯刘章诛诸吕有功，封朱虚侯户二千，银千斤。后又被封为城阳王，都莒（今山东莒城）。

东牟侯：刘兴居，齐悼惠王刘肥之子。

郎中令：秦置，汉初沿袭，为皇帝左右亲近的高级官职，掌守卫宫殿门户。中尉：汉官，掌京师治安。

绐：欺哄。

虎符：中央发给地方官或驻军首领的调兵凭证，虎形，刻有铭文，分为两半，多为铜质。调兵遣将时需两半勘合验真，才能生效。

内史：官名，西汉初，诸侯王国置内史，掌民政。

【译文】

吕氏诸人想作乱，由于惧怕大臣绛侯周勃、灌婴等人，不敢贸然行事。朱虚侯刘章娶吕禄的女儿为妻，所以得知吕氏的阴谋，于是暗中让人告诉了其兄齐王刘襄，想让齐王发兵西进，朱虚侯、东牟侯为内应，图谋诛杀诸吕，立齐王为皇帝。齐王和他的舅舅驷钧、郎中令祝午、中尉魏勃密谋发兵。齐相召平不听他们的谋划，反对举兵。八月丙午（二十六日），齐王打算派人杀国高后八年秋季太后病重。齐王和他的舅舅驷钧、郎中令祝午、中尉魏勃密谋发兵。

召平听说后，就发兵包围了王宫。魏勃骗召平说："齐王要发兵，非有汉虎符证明不可。您发兵包围了齐王本是对的，我请求为您带兵入宫保护齐王。"召平相信了魏勃的话。魏勃掌握统兵权之后，就包围了召平的相府；召平自杀。于是，齐王任命驷钧为相，魏勃为将军，祝午为内史，征发齐国的全部兵马向都城进发。

【原文】

吕禄、吕产欲作乱，内惮绛侯、朱虚等，外畏齐、楚兵；又恐灌婴畔之，欲待灌婴兵与齐合而发，犹豫未决。

【注释】

畔：通“叛”。

【译文】

吕禄、吕产想作乱，却又惧怕朝中绛侯周勃、朱虚侯刘章等人，外怕齐国和楚国的军队；又恐怕灌婴背叛他们，他们想等到灌婴所率汉兵和齐军交战之后再动手，所以犹豫未决。

【原文】

当是时，济川王太、淮阳王武、常山王朝及鲁王张偃皆年少，未之国，居长安；赵王禄、梁王产各将兵居南、北军；皆吕氏之人也。列侯群臣莫自坚其命。太尉绛侯勃不得主兵。曲周侯郦商老病，其子寄予吕禄善。绛侯乃与丞相陈平谋，使人劫郦商，令其子寄往绐说吕禄曰："高帝与吕后共定天下，刘氏所立九王，吕氏所立三王，皆大臣之议，事已布告诸侯，皆以为宜。今太后崩，帝少，而足下佩赵王印，不急之国守籓，乃为上将，将兵留此，为大臣诸侯所疑。足下何不归将印，以兵属太尉，请梁王归相国印，与大臣盟而之国。齐兵必罢，大臣得安，足下高枕而王千里，此万世之利也。"吕禄信然其计，欲以兵属太尉；使人报吕产及诸吕老人，或以为便，或曰不便，计犹豫未有所决。吕禄信郦寄，时与出游猎，过其姑吕媭。媭大怒曰："若为将而弃军，吕氏今无处矣！"乃悉出珠玉、宝器散堂下，曰："毋为他人守也！"

【注释】

莫自坚其命：没有人能保证自己性命的安全。坚，牢固，保证。

劫：威逼，挟制。

吕媭：史书中或作“吕须”。汉初舞阳侯樊哙之妻，汉高后吕雉胞妹。吕后四年，封为临光侯。

【译文】

此时，济川王刘太、淮阳王刘武、常山王刘朝及鲁王张偃都还年少，没有到封地去，居住于长安；赵王吕禄、梁王吕产各自统率南军和北军，都是吕氏一党的人马。列侯群臣没有人能保证自己性命的安全。太尉绛侯周勃手中没有军权。曲周侯郦商年老有病，他儿子郦寄予吕禄关系很好。绛侯周勃就与丞相陈平商定，派人威逼劫持郦商，让他儿子郦寄去欺哄吕禄说：“高帝与吕后共同安定天下，刘氏立为诸侯王的有九人，立吕氏为诸侯王的有三人，这些都是经过朝廷大臣议定的，立诸侯王的事已经向天下诸侯公开宣布，诸侯都认为这样立定很合适。现在太后驾崩，皇帝年幼，您身佩赵王大印，不立即返回封国镇守，却出任上将，率兵留在京师，必然会受到大臣和诸侯王的猜疑。您为什么不交出将印，把军权交给太尉，请梁王归还相国大印，您二人与朝廷大臣盟誓后各归封国，这样不是更好吗？这样，齐兵一定会撤走了，大臣也得以安定了，您就可以高枕无忧地去治理方圆千里之地，做一国之王，这是造福于子孙万代的好事啊。”吕禄相信了郦寄的话，想把军队交给太尉；他派人把这个打算告知吕产及吕氏长辈，有人认为可以这样，有人认为这样不行，这事一直犹豫没有结果。

吕禄信任郦寄，时常与他一起出外游猎，途中前往拜见其姑母吕媭。吕媭大怒说：“你身为上将却轻易地离军游猎，吕氏如今将无处容身了！”于是就拿出家中所有的珠玉、宝器抛散到堂下，说：“不要为他人守着这些东西了！”

【原文】

九月庚申旦，平阳侯窋行御史大夫事，见相国产计事。郎中令贾寿使从齐来，因数产曰：“王不早之国；今虽欲行，尚可得耶！”具以灌婴与齐、楚合从欲诛诸吕告产，且趣产急入宫。平阳侯颇闻其语，驰告丞相、太尉。

【注释】

行：代理。

趣：催促，督促。

【译文】

九月庚申（初十）清早，平阳侯曹窋代理御史大夫事，前来与相国吕产商量事情。郎中令贾寿出使齐国回来，责备吕产说：“大王不早到封国去，现在即使准备去了，恐怕也来不及了。”

他把灌婴和齐、楚联合欲诛灭吕氏的事情告诉了吕产，并且催促吕产迅速进入皇宫。平阳侯曹窋听到了这些话，赶紧向丞相和太尉报告。

【原文】

太尉欲入北军，不得入。襄平侯纪通尚符节，乃令持节矫内太尉北军。太尉复令郦寄与吕禄、吕产想作乱，却犹豫不决。典客刘揭先说吕禄曰：“帝使太尉守北军，欲足下之国。急归将印，辞去！不然，祸且起。”吕禄以为郦况不欺己，遂解印属典客，而以兵授太尉。太尉至军，吕禄已去。太尉入军门，行令军中曰：“为吕氏右袒，为刘氏左袒！”军中皆左袒，太尉遂将北军；然尚有南军。丞相平乃召朱虚侯章佐太尉；太尉令朱虚侯监军门，令平阳侯告卫尉：“毋入相国产殿门！”

【注释】

符节：古代派遣使者或调兵时用作凭证的东西，用竹、木、玉、铜等制成，刻上文字，分成两半，一半存朝廷，一半给外任官员或出征将帅。尚：管理，掌管。

郦寄：汉初大臣郦商之子。典客：官名，秦置，掌管接待少数民族和诸侯来朝事务。

卫尉：汉九卿之一，掌宫廷警卫。卫尉主宫门和宫内，与主宫外的中尉相为表里。

【译文】

太尉想进入北军营垒，但没有办法入内。襄平侯纪通掌管皇帝符节，太尉就命令他手持信节，假传圣旨称奉皇帝之命允许太尉进入北军营垒。太尉又命令郦寄与典客刘揭先去劝说吕禄："皇帝派太尉掌管北军，想要您回封地去。你赶紧将掌管北军的印交出去，回到封地。否则将有祸事发生！"吕禄以为郦寄不会骗自己，就解下将军印绶交给典客刘揭，将北军的兵权交给了太尉周勃。太尉到了北军时，吕禄已经离开。太尉进入军门，就在军中下令说："站在吕氏一边的袒露右臂，站在刘氏一边的袒露左臂。"军中将士都袒露左臂，太尉就这样接管了北军。而南军仍然在吕氏手中。丞相陈平招来朱虚侯刘章辅助太尉；太尉令朱虚侯监守军门，又令平阳侯告诉统率宫门禁卫军的卫尉说："别让相国吕产进入殿门！"

【原文】

吕产不知吕禄已去北军，乃入未央宫，欲为乱。至殿门，弗得入，徘徊往来。平阳侯恐弗胜，驰语太尉。太尉尚恐不胜诸吕，未敢公言诛之，乃谓朱虚侯曰："急入宫卫帝！"朱虚侯请卒，太尉予卒千余人。入未央宫门，见产廷中。日铺时，遂击产；产走。天风大起，以故其从官乱，莫敢斗；逐产，杀之郎中府吏厕中。朱虚侯已杀产，帝命谒者持节劳朱虚侯。朱虚侯欲夺其节，谒者不肯。朱虚侯则从与载，因节信驰走，斩长乐卫尉吕更始。还，驰入北军报太尉，太尉起拜贺。朱虚侯曰："所患独吕产；今吕禄解下将军印绶交给典客刘揭。吕产到殿门外却无法入内，急得他在殿门外徘徊。已诛，天下定矣！"遂遣人分部悉捕诸吕男女，无少长皆斩之。辛酉，捕斩吕禄而笞杀吕媭，使人诛燕王吕通而废鲁王张偃。戊辰，徙济川王王梁。遣朱虚侯章以诛诸吕事告齐王，令罢兵。

【注释】

去：离开。

未央宫：汉未央宫在长安城的西南部（今陕西西安西北），是汉朝君臣朝会的地方。

铺时：午后三时到五时，傍晚。

谒者：官名。始置于春秋、战国时，秦汉因之。掌宾赞受事，即为天子传达。节：符节，使臣执以示信之物。

长乐卫尉：皇后所居为长乐宫，设长乐卫尉。

【译文】

吕产不知道吕禄已离开北军，于是就进入未央宫，准备作乱。吕产到了殿门，禁卫军士阻止他入内，急得他在殿门外徘徊往来。平阳侯怕难以制止吕产入宫，骑马告知太尉。太尉也怕不能战胜诸吕，不敢公开宣布说诛杀诸吕的事，于是就对朱虚侯刘章说："马上进宫保卫皇上！"朱虚侯请求兵马支援，太尉给了他一千多士兵。朱虚侯进入未央宫门，看见吕产正在廷中。此时到了傍晚，朱虚侯带人袭击吕产，吕产逃跑。这时刮起了大风，因此吕产所带党羽亲信都十分慌乱，不敢接战搏斗；朱虚侯等人追逐吕产，在郎中府的厕所里杀了他。朱虚侯杀了吕产后，皇帝命谒者持节前来慰劳朱虚侯。朱虚侯想要抢谒者符节，谒者不肯给他。朱虚侯就与持节的谒者共乘一车，凭着皇帝之节，驱车疾驰，进入长乐宫，斩杀了长乐卫尉吕更始。事毕返回，驰入北军向太尉报告。太尉站起来，向朱虚侯表示祝贺。朱虚侯说：“我们担心的只是吕产。如今吕产已被杀死，天下太平了！”于是派人分头捉拿所有吕氏男女，无论老少一律处死。辛酉（十一日），捕斩吕禄，将吕媭乱棒打死，派人杀燕王吕通，废除鲁王张偃。戊辰（十八日），周勃、陈平等决定改封济川王刘太为梁王，派朱虚侯去告知齐王，吕氏已被诛灭，令齐王罢兵。

【原文】

灌婴在荥阳，闻魏勃本教齐王举兵，使使召魏勃至，责问之。勃曰：“失火之家，岂暇先言丈人而后救火乎！”因退立，股战而栗，恐不能言者，终无他语。灌将军熟视笑曰："人谓魏勃勇，妄。庸人耳，何能为乎！"乃罢魏勃。灌婴兵亦罢荥阳归。

【注释】

本：原先。

使使召魏勃至：前一个"使"作动词用，后面的"使"为名词。

暇：空闲，没有事的时候。

【译文】

灌婴驻扎在荥阳，闻知魏勃首先唆使齐王起兵，便派人召魏勃来见，就此事责问他。魏勃

回答说："家中失火的时候，哪有空闲时间先请示长辈而后再去救火呢！"随即退立一旁，两腿发抖，不停地哆嗦，恐惧得说不出话来，直到最后也没

有说出别的话。灌婴仔细审视魏勃，笑着说："人说魏勃很有胆量，其实不过是个狂妄平庸的人罢了，能有什么作为呢！"于是赦免了魏勃。灌婴也率领人马从荥阳撤回长安。

飞将李广

【原文】

中元年（壬辰，公元前149年）六月，匈奴入雁门，至武泉，入上郡，取苑马，吏卒战死者二千人。陇西李广为上郡太守，尝从百骑出，遇匈奴数千骑，见广，以为诱骑，皆惊，上山陈。广之百骑皆大恐，欲驰还走。广曰："吾去大军数十里，今如此以百骑走，匈奴追射我立尽。今我留，匈奴必以我为大军之诱，必不敢击我。"广令诸骑曰："前！"未到匈奴阵二里所，止，令曰："皆下马解鞍！"其骑曰："虏多且近，即有急，奈何？"广曰："彼虏以我为走；今皆解鞍以示不走，用坚其意。"于是胡骑遂不敢击。有白马将出，护其兵；李广上马，与十余骑奔，射杀白马将而复还，至其骑中解鞍，令士皆纵马卧。是时会暮，胡兵终怪之，不敢击。夜半时，胡兵亦以为汉有伏军于旁，欲夜取之，胡皆引兵而去。平旦，李广乃归其大军。

【注释】

苑马：苑囿中的马。

卒：同“猝”，突然。

近：靠近。

平旦：清晨。

【译文】

中元年（壬辰，公元前149年）六月，汉武帝元朔元年六月，匈奴攻入雁门郡，直到武泉县，并攻入上郡，抢去朝廷在那儿放养的马，汉军将士二千人战死。陇西人李广任上郡太守，曾率领百名骑兵出行，突然遭遇几千匈奴骑兵。匈奴人看见李广的小队伍，以为是汉军大部队派出的诱兵，都感到吃惊，到山上摆开阵势。李广手下的百名骑兵很害怕，想驰马逃跑，李广劝阻他们说道：“我们距离大军数十里远，如今仅靠百名骑兵往回跑，一旦匈奴人追杀射击，我们马上就完了。现在我们留在这里，匈奴人一定会把我们当成大军的诱敌队伍，必定不敢轻易进击我们。”李广便命令队伍说：“前进！”队伍来到距离匈奴阵地约有二里的地方，停了下来，李广命令道：“都下马解下马鞍！”他手下的骑兵说：“敌人很多，而且离我们很近，一旦有什么紧急情况，怎么办？”李广说道：“敌人以为我们会逃跑；现在下令都解下马鞍就是向他们表示不会逃跑，用这个办法来坚定他们认为我们是诱敌部队的想法。”于是匈奴骑兵果真不敢进攻他们。有一位骑白马的匈奴将领出阵来，监护他的人马；李广飞身上马，带上十多个骑兵奔过去，射杀了骑白马的将军后重新返了回来，抵达他的阵营后解下马鞍，命令士兵都解开战马躺倒休息。这时，正好是黄昏，匈奴骑兵始终对李广部队的行为感到奇怪，不敢进攻。到了半夜，匈奴军队仍然认为附近有汉朝大军埋伏，准备在夜间突袭他们，便都领兵撤走了。等到黎明时，李广才率军返回到汉军大营。

【原文】

世宗孝武皇帝上之下元朔元年（癸丑，公元前128年）秋，匈奴二万骑入汉，杀辽西太守，略二千余人，围韩安国壁；又入渔阳、雁门，各杀略千余人。安国益东徙，屯北平；数月，病死。天子乃复召李广，拜为右北平太守。匈奴号曰“汉之飞将军”，避之，数岁不敢入右北平。

世宗孝武皇帝中之上元狩四年（壬戌，公元前119年）大将军既出塞，捕虏知单于所居，乃自以精兵走之，而令前将军广并于右将军军，出东道。东道回远而水草少，广自请曰：“臣部为前将军，今大将军乃徙令臣出东道。且臣结发而与匈奴战，今乃一得当单于，臣愿居前，先死单于。”大将军亦阴受上诫，以为“李广老，数奇，毋令当单于，恐不得所欲”。而公孙敖新失侯，大将军亦欲使敖与俱当单于，故徙前李广命令属下都下马解下马鞍布迷阵。将军广。广知之，固自辞于大将李广飞身上马，射杀了骑白马的匈奴将领。

【注释】

雁门：位于山西代县。与宁武关、偏头关为内长城“外三关”。

大将军：指大将军卫青。

结发：束发，扎结头发。古人男20岁束发而冠，女子15岁束发而笄，表示成年。

阴：暗中。

【译文】

汉武帝元朔元年（癸丑，公元前128年）秋季，匈奴出动两万骑兵入侵汉境，杀死了辽西郡太守，俘虏了两千多人，包围了韩安国守卫的汉军壁垒；又进犯渔阳和雁门，在两地各杀害、俘虏了一千多人。韩安国率军迁往东边，屯驻北平；没过几个月，就病死了。汉武帝于是再次起用李广，拜李广为右北平太守。匈奴曾经称李广为“汉朝的飞将军”，可见他们十分畏惧李广，所以有意躲避他，连续数年不敢轻易入侵右北平郡。

汉武帝元狩四年（壬戌，公元前119年）大将军卫青出塞后，从匈奴俘虏口中得知单于的住地，于是亲自领精兵向王庭挺进，同时命令前将军李广与右将军赵食其合兵一处，从东路进军。东路迂回遥远，而且水草稀少，所以李广主动请求说：“我的部队是前将军的部队，现在大将军却让我部改为从东路进军。我从少年时就与匈奴作战，直到今天才有机会正面对抗单于，我愿做前锋，率先和单于拼个你死我活。”

卫青出征前曾暗中受汉武帝的嘱咐，认为“李广年纪已老，运气又不好，千万不要让他与单于正面交锋，担心他难以完成擒获单于的任务”。而公孙敖刚刚失去侯爵的爵位，卫青也想让公孙敖同自己一道正面攻击单于，使他作战立功，所以将前将军李广调为东路。李广得知内情后，坚决要求仍任先锋；卫青拒绝了他，李广没有向卫青行礼就转身离去，心中非常恼怒。

【原文】

前将军广与右将军食其军无导，惑失道，后大将军，不及单于战。大将军引还，过幕南，乃遇二将军。大将军使长史责问广、食其失道状，急责广之幕府对簿。广曰：“诸校尉无罪，乃我自失道，吾今自上簿至莫府。”广谓其麾下曰：“广结发与匈奴大小七十余战，今幸从大将军出接单于兵，而大将军徙广部，行回远而又迷失道，岂非天哉！且广年六十元朔元年秋，匈奴二万骑入侵汉境。

余矣，终不能复对刀笔之吏！”遂引刀自刭。广为人廉，得赏赐辄分其麾下，饮食与士共之，为二千石四十余年，家无余财。猿臂，善射，度不中不发。将兵，乏绝之处见水，士卒不尽饮，广不近水，士卒不尽食，广不尝食，士以此爱乐为用。及死，一军皆哭。百姓闻之，知与不知，无老壮皆为垂涕。而右将军独下吏，当死，赎为庶人。

【注释】

幕南：古代泛指蒙古大沙漠以南地区。幕，通“漠”。

莫府：即幕府。莫，通“幕”。上簿，颜师古注：“簿，谓文状也。”

刀笔之吏：刀笔，古时在竹简上用刀削改字。指代办文书的小吏。

【译文】

前将军李广与右将军赵食其率领的东路军因没有向导，在沙漠中迷路了，落到了大将军卫青的后面，没来得及参与和单于的那一场战争。卫青班师回营，经过沙漠南部时才碰上迷路的李广和赵食其。卫青派长史责问二人迷路的原因，责令李广的幕僚立刻到大将军处听候发落。

李广说道："众校尉没有罪，是我自己迷失了方向，我现在就一个人到大将军的幕府去听候处置。"李广又对他的部下说："我从年少时作战，到现在和匈奴大大小小有过七十多场战争，如今好不容易跟从大将军和匈奴单于当面交锋，而大将军却把我部从前锋调到东路，路途本来就曲折遥远，又迷失了道路，这一切难道不是天意吗？何况我已经六十多岁了，哪里还能再去面对那些刀笔小吏！”于是拔刀自刎了。

李广一生为人清廉，一得到赏赐就分给部下，与部下吃在一起，做了四十多年二千石俸禄的官，家里没有多余的财产。他的手臂像长臂猿一样又长又灵活，擅长射箭，如果预料到射不中目标，就不放箭。行军打仗时，在给养困难的情况下，如果发现水源，士兵没有全部喝过，李广就不会靠近水边；士兵们没有全部吃饱，李广就不会进食，士兵们因此很乐意做他的部下。等到李广死后，全军都为之痛哭。百姓听到他死去的消息，无论与李广认不认识，也无论年老的还是年轻的，都为他伤心落泪。右将军赵食其一人被交付幕府审判，其罪当死，交纳赎金后被贬为平民。

晋　纪

桓温废立

【原文】

永和二年（丙午，公元346年）安西将军桓温将伐汉，将佐皆以为不可。江夏相袁乔劝之曰："夫经略大事，固非常情所及，智者了于胸中，不必待众言皆合也。今为天下之患者，胡、蜀二寇而已，蜀虽险固，比胡为弱，将欲除之，宜先其易者。李势无道，臣民不附，且恃其险远，不修战备。宜以精卒万人轻赍疾趋，比其觉之，我已出其险要，可一战擒也。蜀地富饶，户口繁庶，诸葛武侯用之抗衡中夏，若得而有之，国家之大利也。论者恐大军既西，胡必窥觎，此似是而非。胡闻我万里远征，以为内有重备，必不敢动；纵有侵轶，缘江诸军足以拒守，必无忧也。"温从之。

【注释】

安西将军桓温：桓温，东晋大将。娶明帝女南康公主为妻，曾三次北伐，一度收复洛阳，但北伐最终未能成功。由于长期掌握大权，渐渐有了不臣之心。咸安元年（公元371年），废帝司马奕为东海王，改立简文帝，以大司马专掌朝政。次年，简文帝死，桓温有代晋之心，但不久病故。汉：成汉，十六国之一，巴贵族李雄所建。以成都桓温废立为都城，最盛时包括了今四川东部和云南、贵州的一部分。公元347年，东晋桓温伐蜀，成汉亡。

经略：筹划；谋划。

了于胸：心里非常明白。了：了解，明白。

【译文】

永和二年（丙午，公元346年）安西将军桓温准备讨伐汉，将领辅佐都认为不可行。江夏相袁乔劝谏桓温说："攻取天下这样的大事，本来就不是按常理所能预测的，高明的人心里非常明白，不必等众人的意见都一致。如今天下的祸患，只有胡、蜀二敌而已，蜀国虽然地势险固，但力量比胡人弱，如果准备除掉胡、蜀二敌，应该先攻打容易攻取的一方。李势毫无道义，臣僚百姓与他离心，且蜀国凭借天险又远离我们，没有做交战的准备。应该派一万精锐人马轻装迅速出击，等到他们察觉以后，我们已经穿越了他的险要之地，只要一战就可擒获。蜀地物产富饶，人口众多，诸葛亮占据蜀国与中原抗衡，如果我们得到并占领蜀地，这对国家大有好处。谈论此事的人担心大军西进之后，胡人一定会乘虚图谋，这种说法似是而非。胡人听说我们万里远征，会认为国内设有重防，一定不敢轻举妄动。纵然有侵扰的情况发生，沿长江布防的各路军马也足以抵御防守，一定没有什么忧患。”桓温听从了袁乔的建议。

【原文】

朝廷以蜀道险远，温众少而深入，皆以为忧，惟刘惔以为必克。或问其故，惔曰：“以博知之。温，善博者也，不必得则不为。但恐克蜀之后，温终专制朝廷耳。”

【注释】

博：古代的一种棋戏。后泛指赌财物。

【译文】

朝廷认为蜀道险远，桓温人少而深入敌后，都为这事担忧，只有刘惔以为此战必能取胜，有人问他为什么，刘惔说：“通过赌博知道的。桓温是个善赌的人，不能肯定取胜的事他就不会出手。但是怕他攻克蜀地之后，桓温最终要在朝廷专权了。”

【原文】

朝廷论平蜀之功，欲以豫章郡封桓温。尚书左丞荀蕤曰："温若复平河、洛，将何以赏之？"乃加温征西大将军、开府仪同三司，封临贺郡公，加谯王无忌前将军，袁乔龙骧将军，封湘西伯。蕤，菘之子也。

温既灭蜀，威名大振，朝廷惮之。会稽王昱以扬州刺史殷浩有盛名，朝野推服，引为心膂，与参综朝权，欲以抗温，由是与温寖相疑贰。

【注释】

豫章郡：治所南昌（今江西南昌），原辖境大致同今江西省。

尚书左丞：尚书省官员，类似于秘书长之类的官职。

开府仪同三司：魏晋南北朝时期的一种高级官位，东晋南朝，开府仪同三司是虚号，渐不为人所重。

临贺郡：今广西贺州东南。

会稽王昱：司马昱，初封琅邪王，后徙会稽王。司马奕为帝，进位丞相。桓温废立，迎司马昱为帝。在位二年病故，谥简文帝。会稽，在今江苏东部及浙江西部。殷浩：善玄谈，有重名。晋康帝时，会稽王司马昱征聘殷浩出山，以对抗桓温。永和九年（公元353年）十月，殷浩率领7万人北征许昌、洛阳，大败，被废为庶人。

心膂：心与脊骨，比喻主要的辅佐人员，或亲信得力之人。

寝相疑贰：渐渐起了疑忌之心。疑贰，也作“疑二”，指因猜忌而生异心。

【译文】

朝廷对平定蜀汉论功行赏，想要把豫章郡封给桓温。尚书左丞荀蕤说："桓温如果再平定黄河、洛水一带，将用什么赏赐他呢？"于是就加封桓温为征西大将军、开府仪同三司，封临贺郡公，加封谯王司马无忌为前将军，让袁乔任龙骧将军，并封为湘西伯。荀蕤是荀崧的儿子。桓温平定了蜀地以后，威名大振，朝廷也忌惮他。会稽王司马昱认为扬州刺史殷浩素有盛名，朝野上下都很推崇他，所以将他视为心腹，让他参与朝政总揽朝廷权力，想用他来对抗桓温，由此殷浩和桓温逐渐开始互相猜疑，进而彼此产生了异心。

【原文】

兴宁元年（癸亥，公元363年）五月，加征西大将军桓温侍中、大司马、都督中外诸军、录尚书事，假黄钺。温以抚军司马王坦之为长史。坦之，述之子也。又以征西掾郗超为参军，王珣为主簿，每事必与二人谋之。府中为之语曰：“髯参军，短主簿，能令公喜，能令公怒。”温气概高迈，罕有所推，与超言，常自谓不能测，倾身待之。超亦深自结纳。珣，导之孙也，与谢玄皆为温掾，温俱重之。曰：“谢掾年四十必拥旄杖节，王掾当作黑头公，皆未易才也。”玄，奕之子也。

兴宁二年（甲子，公元364年）五月戊辰，以扬州刺史王述为尚书令。加大司马温扬州牧、录尚书事。壬申，使侍中召温入参朝政，温辞不至。王述每受职，不为虚让，其所辞必于不受。及为尚书令，子坦之白述：“故事当让。”述曰：“汝谓我不堪邪？”坦之曰：“非也，但克让自美事耳。”述曰：“既谓堪之，何为复让！人言汝胜我，定不及也。”

【注释】

侍中：魏晋以后，往往相当于宰相。大司马：南朝时为兼握政务与军事重权的高官。都督中外诸军：掌管全国军事。录尚书事：凡掌握重权的大臣经常带“录尚书事”的名号，总揽政要大权，无所不管。

假黄钺：魏晋南北朝时，重臣出征往往加有假黄钺的称号。黄钺，以黄金为饰，古代帝王所用，后世用为仪仗。借之以增威重，有代表皇帝亲征之意。

抚军司马：官名。抚军府中掌军事的属官。长史：官名，战国末年秦已置，属官。

征西掾：征西将军的属官。掾，属官，辅佐的助手。郗超：字景兴，东晋大臣。参军：武官名，掌辅助谋划军事。

王珣：和其父亲王洽、祖父王导三代皆以能书著名。主簿：掌管文书的属吏。

髯：两腮上面的胡子，也泛指胡子。

谢玄：宰相谢安之侄，东晋著名军事家。

扬州牧：扬州的最高官员。牧，州郡长官。

【译文】

兴宁元年（癸亥，公元363年）五月，东晋加封征西大将军桓温担任侍中、大司马、都督中外诸军、录尚书事，给予他持黄钺的礼遇。桓温任命抚军司马王坦之为长史。王坦之是王述之子。又任命征西掾郗超为参军，王珣为主簿，遇事必与二人商量。王府里的人这样说他们："长胡子参军，矮个子主簿，能让桓公欢喜，也能让桓公愤怒。"桓温气概高迈，很少有他所推重的人，桓温和郗超谈话，常常说对方深不可测，而尽心敬待他。郗超也很认真地与桓温交往。王珣是王导的孙子，与谢玄都是桓温的辅佐掾吏，桓温对他们都很看重。桓温说："谢玄年四十必定会拥旗执节，王珣当成为少壮而居高位的黑头公，都是不可多得的人才。"谢玄是谢奕的儿子。

兴宁二年（甲子，公元364年）五月戊辰（二十日），朝廷任命扬州刺史王述为尚书令。加封大司马桓温担任扬州牧、录尚书事。壬申（二十四日），朝廷派侍中召桓温入朝参政，桓温推辞不去。王述每当接受任命，都不假意辞让，只要是他推辞的，就肯定不接受。到他做尚书令时，儿子王坦之告诉他："按照过去的做法，您应当表示辞让。"王述说："你认为我不能胜任吗？"王坦之说："不是，只是辞让比较好。"王述说："既然认为能够胜任，为什么又要辞让！人们都说你比我强，我看你一定赶不上我。"

【原文】

兴宁三年（乙丑，公元365年）大司马温移镇姑孰。二月乙未，以其弟右将军豁监荆州、扬州之义城、雍州之京兆诸军事，领荆州刺史；加江州刺史桓冲监江州及荆、豫八郡诸军事，并假节。司徒昱闻陈祐弃洛阳，会大司马温于洌洲，共议征讨。丙申，帝崩于西堂，事遂寝。帝无嗣。丁酉，皇太后诏以琅邪王奕承大统。百官奉迎于琅邪第，是日，即皇帝位，大赦。

【注释】

姑孰：今江苏苏州。

监：掌管。荆州：治所在今湖北江陵。义城：义城郡，治所在今湖北光化。雍州之京兆：治所在今湖北襄阳。

江州：今江西九江。

陈祐：东晋冠军将军，镇守洛阳。燕桓温对贤才能诚敬相待。司马奕即皇帝位，大赦天下。洌洲：今安徽当涂长江中小岛。

寝：平息，停止。

【译文】

兴宁三年（乙丑，公元365年）大司马桓温转移到姑孰镇守。二月乙未（二十一日），桓温让他弟弟右将军桓豁掌荆州、扬州之义城、雍州的京兆诸军事，兼领荆州刺史；加封江州刺史桓冲掌管江州及荆、豫八郡诸军事，全都持有符节。

司徒司马昱听说陈祐放弃了洛阳，在洌洲和大司马桓温会面，共同商议征讨洛阳的事。丙申（二十二日），东晋哀帝司马丕在西堂驾崩，征讨事宜中止。

哀帝没有后嗣，丁酉（二十三日），皇太后下诏让琅邪王司马奕继承皇位。百官到琅邪王府第迎接司马奕入宫，当天，司马奕即皇帝位，大赦天下。

【原文】

咸安元年（辛未，公元371年）大司马温，恃其材略位望，阴蓄不臣之志，尝抚枕叹曰："男子不能流芳百世，亦当遗臭万年！"术士杜炅能知人贵贱，温问炅以己禄位所至。炅曰："明公勋格宇宙，位极人臣。"温不悦。温欲先立功河朔以收时望，还受九锡。及枋头之败，威名顿挫。既克寿春，谓参军郗超曰：“足以雪枋头之耻乎？”超曰：“未也。”久之，超就温宿，中夜，谓温曰：“明公都无所虑乎？”温曰：“卿欲有言邪？”超曰：“明公当天下重任，今以六十之年，败于大举，不建不世之勋，不足以镇惬民望！”温曰：“然则奈何？”超曰：“明公不为伊、霍之举者，无以立大威权，镇压四海。”温素有心，深以为然，遂与之定议。以帝素谨无过，而床笫易诬，乃言“帝早有痿疾，嬖人相龙、计好、朱炅宝等，参侍内寝，二美人田氏、孟氏生三男，将建储立王，倾移皇基”。密播此言于民间，时人莫能审其虚实。

【注释】

不臣之志：不守臣节，不合臣道的心思，指想谋反篡位。

立功河朔：收复北方，北伐成功。

九锡：古代天子赐给诸侯、大臣的九种器物，是最高的礼遇。西汉末，王莽篡汉时先受赐九锡，魏晋六朝以后权臣夺取政权、建立新王朝时都沿袭此例，后世就以九锡为权臣篡位先声。

枋头之败：枋头，今河南浚县。公元369年，桓温第三次北伐，在枋头大败于燕人。

寿春：魏晋南北朝时期淮南军事重镇，今安徽寿县。

惬：满足，称心。

伊、霍之举：伊、霍，伊尹、霍光，即指废立。

床笫：床和垫在床上的竹席，指男女房中之事。

【译文】

咸安元年（辛未，公元371年）大司马桓温倚仗他的才能、地位与声望，暗地里怀有篡逆之心，曾经抚枕慨叹道："大丈夫不能流芳百世，也应当遗臭万年！”术士杜炅能够预测人的贵贱，桓温就问杜炅自己的官位最大可以做到什么程度。杜炅说：“明公的功劳天下无双，必定可以位极人臣。”郗超劝说桓温废黜皇帝。

桓温听后不高兴。他想先在河朔建立战功，赢得更大的声望，回来后接受加九锡的礼遇。等到在枋头失败，桓温的威名受挫。攻占寿春后，他问参军郗超道：“这次胜利足以洗雪枋头之败的耻辱了吧？”郗超答道：“不能。”过了很久，郗超到桓温的住所留宿，夜半时，郗超问桓温道：“明公没有忧虑的事吗？”桓温说：“你想对我说什么？”郗超说：“明公身上担负着天下重任，现已到了六十岁，却在一次大规模行动中遇到惨败，如果不建立非常的功勋，不足以震慑人心。”桓温问：“那么该怎么做呢？”郗超答：“明公不做伊尹、霍光废立的事，就无法建立大的威势与权力，慑服天下。”桓温一直就有这样的心思，对郗超的话深以为然，于是就和郗超商定计议。由于皇帝司马奕平时谨慎没有过错，只有男女间的事容易诬陷他，于是说："皇帝早有阳痿的毛病，他宠信的相龙、计好、朱炅宝等人，服侍起居床第之事，与皇帝的两位美人田氏、孟氏生下三个儿子，将要设立太子赐封王位，这样皇室的根本就被动摇了。"并将这话秘密地散播到民间，当时的人们谁也无法辨别真假。

【原文】

十一月癸卯，温自广陵将还姑孰，屯于白石。丁未，诣建康，讽褚太后，请废帝立丞相会稽王昱，并作令草呈之。太后方在佛屋烧香，内侍启云："外有急奏。"太后出，倚户视奏数行，乃曰："我本自疑此！"至半，便止，索笔益之曰："未亡人不幸罹百忧，感念存没，心焉如割！"

【注释】

广陵：今江苏扬州。

白石：今安徽当涂采石矶西南。

建康：东晋都城，今江苏南京。

褚太后：名蒜子，晋康帝司马岳皇后。

罹：遭遇。

【译文】

十一月癸卯（初九），桓温自广陵准备返回姑孰，驻扎在白石。丁未（十三日），到了都城建康，暗示褚太后，请求废黜皇帝，另立丞相会稽王司马昱，同时将草拟好的诏令进呈给褚太后。太后此时正在佛屋烧香，内侍启奏说："外面有急奏。"褚太后出来，靠在门边看奏章，刚看了几行字就说："我本来就怀疑是这样！"看到一半便停下不看了，向内侍要来笔添上这样的话："我不幸遭受种种忧患，想到死去的和活着的，心如刀割！"

【原文】

己酉，温集百官于朝堂。废立既旷代所无，莫有识其故典者，百官震栗。温亦色动，不知所为。尚书左仆射王彪之知事不可止，乃谓温曰："公阿衡皇家，当倚傍先代。"乃命取《汉书·霍光传》，礼度仪制，定于须臾。彪之朝服当阶，神采毅然，曾无惧容，文武仪准，莫不取定，朝廷以此服之。于是宣太后令，废帝为东海王，以丞相、录尚书事、会稽王昱统承皇极。百官入太极前殿，温使督护竺瑶、散骑侍郎刘亨收帝玺绶。帝著白帢单衣，步下西堂，乘犊车出神虎门，群臣拜辞，莫不嘘唏。侍御史、殿中监将兵百人卫送东海第。温桓温暗示褚太后，请求废黜皇帝。帅百官具乘舆法驾，迎会稽王于会稽邸。王于朝堂变服，著平巾帻、单衣，东向流涕，拜受玺绶，是日，即皇帝位，改元。温出次中堂，分兵屯卫。温有足疾，诏乘舆入殿。温撰辞，欲陈述废立本意，帝引见，便泣下数十行，温兢惧，竟不能一言而出。

【注释】

旷代：绝代，当代无人能及。

震栗：震惊害怕。

尚书左仆射：官名，地位仅次于尚书令。王彪之：王导之侄。

阿衡：商代官名，伊尹曾任此职。后引申为辅导帝王，主持国政。

须臾：片刻。

督护：武官名，晋置。散骑侍郎：官名，三国魏置。

白帢单衣：白色便帽和单衣。

犊车：牛车。

嘘唏：悲泣，抽噎。

侍御史：官名，秦置，汉沿袭，在御史大夫之下。掌管给事殿中、举劾非法、督察郡县，或奉使出外执行指定任务。殿中监：官名，魏晋以后，在门下省设殿中监一官，多以皇帝之亲戚、贵臣担任，掌管皇帝生活起居之事。

乘舆法驾：天子车驾仪仗。

平巾帻：帻本是古时的头巾。东汉时用一种平顶的帻做戴冠时的衬垫物，称为平巾帻。西晋末，出现了一种小冠，前面呈半圆形平顶，后面升起呈斜坡形尖突，戴时不能覆盖整个头顶，只能罩住发髻的，就是平巾帻（也称小冠）。

【译文】

己酉（十五日），桓温召集百官到朝堂。废立皇帝既然是历代没有过的事情，没有人知道废立过去的典则，百官们都震惊恐惧。桓温也神色紧张，不知该怎么办。尚书左仆射王彪之知道事情已不可挽回，就对桓温说："明公废立皇帝，应当效法前代的成规。"于是命令取来《汉书·霍光传》，礼节仪制很快就决定了。王彪之身穿朝服站在朝堂上，神情沉着，毫无惧色，文武仪规典则，全都由王彪之决定，朝廷百官都因此而佩服他。于是宣布太后的诏令，废黜司马奕为东海王，以丞相、录尚书事、会稽王司马昱继承皇位。百官进太极前殿，桓温让督护竺瑶、散骑侍郎刘亨收取废帝的印玺绶带。司马奕戴着白色便帽，身穿仅次于朝服的大臣盛装，走下西堂，乘着牛车出了神虎门，群臣叩拜辞别，没有不流泪叹息的。侍御史、殿中监带领百名士卒护送废帝至东海王的宅第。桓温率领百官准备好天子车驾仪仗，到会稽王的官邸去迎接会稽王司马昱。会稽王在朝堂更换了衣服，戴着小冠，穿着拜见尊者的服饰，面向东而立，流着眼泪拜受天子印玺，这天，会稽王司马昱即皇帝位，改年号为咸安。桓温临时住在中堂，分派兵力屯驻守卫。桓温的脚有毛病，皇帝诏令他可以乘车入殿。桓温事先准备好辞章，想在进见时陈述废立的本意，皇帝召见他，一见他便不断哭泣，桓温战战兢兢，始终竟一句话也没说出来。

【原文】

太宰武陵王晞，好习武事，为温所忌，欲废之，以事示王彪之。彪之曰："武陵亲尊，未有显罪，不可以猜嫌之间变相废徙。公建立圣明，当崇奖王室，与伊、周同美。此大事，宜更深详！"温曰："此已成事，卿勿复言！"乙卯，温表："晞聚纳轻剽，息综矜忍；袁真叛逆，事相连染。顷日猜惧，将成乱阶。请免晞官，以王归藩。"从之，并免其世子综、梁王等官。温使魏郡太守毛安之帅所领宿卫殿中。安之，虎生之弟也。

【注释】

太宰：晋以避司马师讳，置太宰以代太师。武陵王晞：司马晞，晋元帝子，简文帝兄弟。综、均为其子。

聚纳轻剽：召集轻浮急躁之徒。

息综：其子司马综。矜忍：傲慢残忍。

袁真叛逆：公元369年，东晋发生袁真叛乱。

魏郡：今河北大名、临漳一带。毛安之：荥阳人，是简文帝时期的重要将领。

【译文】

太宰武陵王司马晞，喜好习武练兵，被桓温所忌恨，想废黜他，就把此事告诉了王彪之。

王彪之说："武陵王是天子的兄弟，没有明显的罪过，不可因为猜忌就将其废黜。您要建立贤明的君主，应当尊崇辅佐王室，与伊尹、周公有同样的美德。这样的大事，应该从长计议！”桓温说：“此事已定，你不必再说了！”乙卯（二十一日），桓温上表称：“司马晞招纳轻浮急躁之徒，其子司马综自负残忍；袁真叛逆，事情与他有牵连。朝廷和他彼此猜惧，必将酿成大乱。请求免除司马晞的官职，让他以王的身份返回藩地。”皇帝同意了。同时罢免其世子司马综、梁王司马等人的官职。桓温派魏郡太守毛安之率其部下宿卫皇宫。毛安之是毛虎生的弟弟。

【原文】

庚戌，尊褚太后曰崇德太后。

初，殷浩卒，大司马温使人赍书吊之。浩子涓不答，亦不诣温，而与武陵王晞游。广州刺史庾蕴，希之弟也，素与温有隙。温恶殷、庾宗强，欲去之。辛亥，使其弟秘逼新蔡王晃诣西堂叩头自列，称与晞及子综、著作郎殷涓、太宰长史庾倩、掾曹秀、舍人刘彊、散骑常侍庾柔等谋反。帝对之流涕，温皆收付廷尉。倩、柔，皆蕴之弟也。癸丑，温杀东海王三子及其母。甲寅，御史中丞谯王恬承温旨，请依律诛武陵王晞。诏曰："悲惋惶怛，非所忍闻，况言之哉！其更详议！"恬，承之孙也。乙卯，温重表固请诛晞，词甚酷切。帝乃赐温手诏曰："若晋祚灵长，公便宜奉行前诏；如其大运去矣，请避贤路。"温览之，流汗变色，乃奏废晞及三子，家属皆徙新安郡。丙辰，免新蔡王晃为庶人，徙衡阳，殷涓、庾倩、曹秀、刘彊、庾柔皆族诛，庾蕴饮鸩死。蕴兄东阳太守友子妇，桓豁之女也，故温特赦之。庾希闻难，与弟会稽王参军邈及子攸之逃于海陵陂泽中。

【注释】

赍：送信。

庾蕴：庾希之弟，庾氏为东晋大族。

著作郎：官名，三国魏明帝始置，属中书省，掌编纂国史。太宰长史：太师的属吏。散骑常侍：官名，秦汉设散骑（皇帝的骑从）和中常侍，三国魏时将其并为一官，称“散骑常侍”，在皇帝左右规谏过失，以备顾问。晋以后，往往与闻要政。

御史中丞：官名，汉以御史中丞为御史大夫的助理，外督部刺史，内领侍御史，受公卿章奏，纠察百僚，其权颇重。

惶怛：惶恐痛苦。

鸩：传说中的一种毒鸟。把它的羽毛放在酒里，可以毒杀人。后世指毒药。

陂泽：湖泽。

【译文】

庚戌（十六日），尊奉褚太后为崇德太后。当初，殷浩去世的时候，大司马桓温派人送信吊唁他。殷浩的儿子殷涓不回信，也不到桓温那里回拜，而与武陵王司马晞去游玩。广州刺史庾蕴，是庾希的弟弟，平素与桓温有隔阂。桓温厌恨殷涓、庾蕴宗族的强大，想要铲除他们。辛亥（十七日），桓温派他的弟弟桓秘逼迫新蔡王司马晃到西堂去叩头自述，称与司马晞及他的儿子司马综、著作郎殷涓、太宰长史庾倩、掾曹秀、舍人刘彊、散骑常侍庾柔等阴谋反叛。简文帝面对他流下眼泪，桓温将他们都抓起来送交廷尉。庾倩、庾柔，都是庾蕴的弟弟。癸丑（十九日），桓温杀掉了东海王司马奕的三个儿子和他们的母亲。甲寅（二十日），御史中丞谯王司马恬秉承桓温意旨，请求依据法律诛杀武陵王司马晞。

简文帝下诏说："悲痛惋惜，惊恐不安，不忍心耳闻，更何况是亲口说呢！此事再仔细商议吧！"司马恬是司马承的孙子。乙卯（二十一日），桓温再次上表，坚持要求杀掉司马晞，言词非常激烈恳切。

简文帝于是亲手写下诏令赐给桓温说："如果晋王朝的神灵悠长，桓公就遵行我上道诏书的意思；如果晋王朝的大运已去，就请求让我退位避让贤人晋升之路。"桓温看了后，惊慌失色，汗流满面，于是就奏请黜废司马晞及他的三个儿子，将他的家属全都流放到新安郡。丙辰（二十二日），黜免新蔡王司马光为庶人，将他迁徙到衡阳，殷涓、庾倩、曹秀、刘彊、庾柔都被灭族，庾蕴服毒而死。庾蕴的哥哥东阳太守庾友的儿媳，是桓豁的女儿，所以桓温特别地赦免了她。庾希听说此事，与弟弟会稽参军庾邈及儿子庾攸之逃到了海陵的湖泽中。

【原文】

温既诛殷、庾，威势翕赫，侍中谢安见温遥拜。温惊曰："安石，卿何乃尔？"安曰："未有君拜于前，臣揖于后。"

【注释】

翕赫：显赫。

谢安：出身士族，东晋名臣。

【译文】

桓温诛杀了殷、庾之后，威势显赫至极，侍中谢安看见桓温远远就开始叩拜。桓温惊道："安石，你为什么要这样呢？"谢安说："没有君主叩拜于前，臣下拱手还礼于后的。"

【原文】

咸安二年（壬申，公元372年）甲寅，帝不豫，急召大司马温入辅，一日一夜发四诏，温辞不至。初，帝为会稽王，娶王述从妹为妃，生世子道生及弟俞生。道生疏躁无行，母子皆以幽废死。余三子，郁、朱生、天流，皆早夭。诸姬绝孕将十年，王使善相者视之，皆曰："非其人。"又使视诸婢媵，有李陵容者，在织坊中，黑而长，宫人谓之"昆仑"，相者惊曰："此其人也！"王召之侍寝，生子昌明及道子。

【注释】

不豫：身体不适，生病。

【译文】

咸安二年（壬申，公元372年）甲寅（二十三日），简文帝身体不适，急召大司马桓温入朝辅政，一日一夜连发四道诏书，桓温推辞不去。当初，简文帝为会稽王时，娶了王述的堂妹为妃，生下长子司马道生和二子司马俞生。司马道生粗鲁急躁，品行不端，母子都因此被囚禁废黜而死。其他三个儿子，司马郁、司马朱生、司马天流，都早年夭折。众姬妾绝孕将近十年，会稽王让会相面的人观察她们，都说："能生儿子的不是这些人。"会稽王又让相面的人去观察女仆女佣，有一个叫李陵容的，在纺织作坊里，长得又高又黑，宫女们叫她"昆仑"。相面的人见到她后吃惊地说："这就是会生儿子的人！"会稽王召她服侍起居，生下了儿子司马昌明和司马道子。

【原文】

己未，立昌明为皇太子，生十年矣。以道子为琅邪王，领会稽国，以奉帝母郑太妃之祀。遗诏："大司马温依周公居摄故事。"又曰："少子可辅者辅之，如不可，君自取之。"侍中王坦之自持诏入，于帝前毁之。帝曰："天下，傥来之运，卿何所嫌！"坦之曰："天下，宣、元之天下，陛下何得专之！"帝乃使坦之改诏曰："家国事一禀大司马，如诸葛武侯、王丞相故事。"是日，帝崩。

【注释】

周公居摄：西周时周公旦在武王去世后，出任摄政，辅佐年幼的成王。故事：旧例。

傥来：无意中得到。

宣、元：宣帝司马懿，元帝司马睿，西晋的创立者。

诸葛武侯、王丞相：诸葛亮、王导，都是辅佐君主的名臣。

【译文】

己未（二十八日），简文帝立司马昌明为皇太子，当时昌明已经十岁了。封司马道子为琅邪王，兼领会稽国，以尊奉帝母郑太妃的祀位。简文帝下达遗诏说："大司马桓温依照周公的遗规，代理皇帝摄政。”又说：“太子可以辅佐就辅佐他，如不能辅佐，大司马自取皇位。”侍中王坦之手持诏书进入宫中，在简文帝面前撕毁了诏书。简文简文帝一日一夜连发四道诏书召桓温入朝，桓温推辞不去。

帝说：“我拥有天下也不过是出于意外，你有什么不满意的！”王坦之说：“天下，是宣帝、元帝创立的天下，陛下怎么能独断专行！”于是简文帝让王坦之将诏书改为：“家国事全部交付给大司马处分，就像诸葛亮、王导辅政时的做法一样。”这一天，简文帝驾崩。

【原文】

群臣疑惑，未敢立嗣，或曰：“当需大司马处分。”尚书仆射王彪之正色曰：“天子崩，太子代立，大司马何容得异！若先面谘，必反为所责。”朝议乃定。太子即皇帝位，大赦。崇德太后令，以帝冲幼，加在谅暗，令温依周公居摄故事。事已施行，王彪之曰："此异常大事，大司马必当固让，使万机停滞，稽废山陵，未敢奉令，谨具封还。"事遂不行。

【注释】

须：等待。

崇德太后：即褚太后。

谅暗：居丧，多用于皇帝。

稽废山陵：稽迟荒废安葬事宜。

【译文】

群臣疑惑，不敢就此立嗣，有人说："要等大司马来了处分。"尚书仆射王彪之正色说："天子驾崩，太子继立，大司马怎能有资格提出异议！如果事先当面向他询问，一定反会被他责备。"于是经过朝臣讨论就决定了。太子即皇帝位，大赦天下。崇德褚太后下令，因为孝武帝年幼，又在居丧期，命桓温依据周公摄政的旧例行事。诏令发下去，王彪之说：“这是非常之事，大司马一定会固执地辞让，这样一来，朝廷上下的政务都会停顿，连先帝的事业也会荒废，所以臣不敢奉命，谨将诏书密封归还。”因此桓温摄政一事终究未成。

【原文】

温望简文临终禅位于己，不尔便当居摄。既不副所望，甚愤怨，与弟冲书曰：“遗诏使吾依武侯、王公故事耳。”温疑王坦之、谢安所为，必衔之。诏谢安征温入辅，温又辞。

【注释】

衔：含在心里。指心里怨恨。

征：召。

【译文】

桓温希望简文帝临终前将皇位禅让给他，不这样的话，也应让他摄政。然而这个愿望没能实现，他非常怨恨愤怒，给弟弟桓冲写信说："简文帝下诏让我按诸葛亮、王导的旧例辅政。"桓温怀疑这事是王坦之、谢安干的，对他们怀恨在心。朝廷诏令谢安前去召桓温入朝辅政，桓温又推辞。

【原文】

烈宗孝武皇帝上之上宁康元年（癸酉，公元373年）春，正月，己卯朔大赦改元。简文帝去世后，群臣不敢立嗣，有人提议要大司马桓温入朝处置。

二月，大司马温来朝。辛巳，诏吏部尚书谢安、侍中王坦之迎于新亭。是时，都下人情恟恟，或云欲诛王、谢，因移晋室。坦之甚惧，安神色不变，曰："晋祚存亡，决于此行。"温既至，百官拜于道侧。温大陈兵卫，延见朝士，有位望者皆战慑失色。坦之汗汁沾衣，倒执手版。安从容就席，坐定，谓温曰："安闻诸侯有道，守在四邻，明公何须壁后置人邪！"温笑曰："正自不能不尔。"遂命左右撤之，与安笑语移日。郗超常为温谋主，安与坦之见温，温使超卧帐中听其言。风动帐开，安笑曰："郗生可谓入幕之宾矣。"时天子幼弱，外有强臣，安与坦之尽忠辅卫，卒安晋室。温治卢悚入宫事，收尚书陆始付廷尉，免桓秘官，连坐者甚众。迁毛安之为左卫将军。桓秘由是怨温。

三月，温有疾，停建康十四日，甲午，还姑孰。

【注释】

祚：帝位。

延见：召见，引见。

【译文】

晋孝武帝宁康元年（癸酉，公元373年）春季，正月己卯朔（初一），东晋实行大赦，改换年号为宁康。二月，大司马桓温来晋见孝武帝。辛巳（二十四日），孝武帝诏令吏部尚书谢安、侍中王坦之到新亭迎接。这时，都城里人心惶惶，有的说桓温要杀掉王坦之、谢安，晋王室的天下就要转到他人之手。王坦之非常害怕，谢安则神色不变，说："晋朝国运的存亡，取决于此行。"桓温抵达朝廷后，百官夹道叩拜。桓温部署重兵，召见朝廷百官，有地位有名望的人全都惊慌失色。王坦之汗流浃背，连手版都拿倒了。谢安从容就座，坐定后，对桓温说："谢安听说诸侯有道，守卫的人在四方邻国，明公何必要在墙壁后面安置人呢！"桓温笑着说："正是由于不能才这样做。”于是命令左右的人撤走，与谢安笑谈许久。郗超经常作为桓温的主谋，谢安和王坦之去见桓温，桓温让郗超藏在帐中听他们谈话。风吹开了帐子，谢安笑着说：“郗超可谓入帐之宾。”

当时天子年幼力弱，外边又有强臣，谢安与王坦之竭尽忠诚辅佐护卫，最终使晋王室得以安稳。桓温处理卢悚攻入宫廷的事件，拘捕尚书陆始并送交廷尉处置，罢免了桓秘的官职，株连的人很多。提升毛安之为左卫将军。桓秘从此开始怨恨桓温。

三月，桓温生病，在建康停留了十四天，甲午（初七），返回姑孰。

【原文】

秋，七月己亥，南郡宣武公桓温薨。

初，温疾笃，讽朝廷求九锡，屡使人趣之。谢安、王坦之故缓其事，使袁宏具草。宏以示王彪之，彪之叹其文辞之美，因曰："卿固大才，安可以此示人！"谢安见其草，辄改之，由是历旬不就。宏密谋于彪之，彪之曰："闻彼病日增，亦当不复支久，自可更小迟回。"

桓温入朝后召见朝廷百官。

【注释】

迟回：犹滞留。

【译文】

秋季，七月己亥（十四日），南郡宣武公桓温去世。

当初，桓温病重的时候，暗示朝廷给他加九锡的礼遇，多次派人去催。谢安、王坦之故意拖延此事，让袁宏草拟诏令。袁宏草拟完后让王彪之过目，王彪之赞叹他文辞优美，接着说："你本来是杰出的人才，怎么能写这样的文章让别人看呢！”谢安看到袁宏写的草诏，就加以修改，因此前后十多天也没有最后定稿。袁宏暗地里和王彪之商量，王彪之说：“听说桓温的病情日益严重，应该不会再支持多久了，自然可以再晚一些回复。”

【原文】

温弟江州刺史冲，问温以谢安、王坦之所任，温曰：“渠等不为汝所处分。”其意以为，己存，彼必不敢立异，死则非冲所制，若害之，无益于冲，更失时望故也。温以世子熙才弱，使冲领其众。于是桓秘与熙弟济谋共杀冲，冲密知之，不敢入。俄顷，温薨，冲先遣力士拘录熙、济而后临丧。秘遂被废弃，熙、济俱徙长沙。诏葬温依汉霍光及安平献王故事。冲称温遗命，以少子玄为嗣，时方五岁，袭封南郡公。

【注释】

玄：即桓玄。桓温少子，深受桓温钟爱。桓温临终，命为继嗣，袭爵南郡公，时年五岁。

【译文】

桓温的弟弟江州刺史桓冲，向桓温询问谢安、王坦之应该担任什么职务，桓温说：“他们不由你来安排。”这话的意思是，自己活着的时候，他们一定不敢公开抗衡，自己死了以后，则不是桓冲所能控制的，如果谋害了他们，对桓冲没有什么好处，反而会使其失去声望。

桓温考虑到世子桓熙才能不足，就让桓冲统领他的兵众。因此桓秘和桓熙的弟弟桓济谋划一起杀掉桓冲。桓冲私下里知道此事，不敢进入府内。不久，桓温死了，桓冲先派身强力壮的士兵拘捕了桓熙、桓济，然后才前去吊丧。桓秘于是也被废黜了，桓熙、桓济都被迁徙到长沙。孝武帝下诏，依据汉代霍光及安平献王的旧例安葬桓温。桓冲称桓温留下遗嘱，以小儿子桓玄为继承人。当时桓玄刚刚五岁，继承南郡公的爵位。

淝水之战

【原文】

太元七年（壬午，公元382年）冬，十月，秦王坚会群臣于太极殿，议曰："自吾承业，垂三十载，四方略定，唯东南一隅，未沾王化。今略计吾士卒，可得九十七万，吾欲自将以讨之，何如？"秘书监朱肜曰："陛下恭行天罚，必有征无战，晋主不衔璧军门，则走死江海，陛下返中国士民，使复其桑梓，然后回舆东巡，告成岱宗，此千载一时也。"坚喜曰："是吾志也。"

【注释】

太元七年：太元，晋孝武帝年号。七年，即公元382年。

秦王坚：即氐族所建前秦国的皇帝苻坚，字永固，一名文玉。少博学多才，有大志。公元352年，坚叔父健称秦帝，任坚为龙骧将军。公元357年，坚杀健子生，秦王苻坚认为时机成熟，想要讨伐东晋。自立为大秦天王。在位期间，重用著名汉族政治家王猛，修明政治，镇压豪强，提倡儒学和佛教，加速各民族与汉族的融合；又先后灭前燕、前凉，取仇池，攻下东晋汉中、成都等地，在十六国中其国势最强，国力一度超过东晋数倍。王猛死后，坚率大军攻晋，但在淝水大败，秦国内部久怀异心的慕容垂（前燕后裔）、姚苌（羌酋）等乘机分裂，坚为姚苌所杀。太极殿：前秦皇宫的正殿。

隅：一角，指东晋。

秘书监朱肜：秘书监，掌典图书文字的官署长官。朱肜（音róng），《晋书》作“朱彤”。

恭行天罚：恭敬地代天讨伐。

衔璧军门：自缚其手，口衔碧玉，到宫门来投降。

中国：指中原。

桑梓：指故乡。

【译文】

太元七年（壬午，公元382年）冬季，十月，前秦王苻坚在太极殿会见群臣，和他们商量说："自从我继承先王的大业，至今已经三十年了，四方之地大致平定了，只有东南的东晋，尚未蒙受君王的教化。如今粗略地计算一下我的兵力，能有九十七万，我想亲自统帅军队讨伐晋朝，怎么样？"秘书监朱肜说："陛下恭敬地奉行上天的惩罚，一定是只需要出征而不需要战斗，晋朝国君不是在军营门前衔璧玉来投降，就是仓皇出逃，葬身于江海，陛下让中原之国的百姓返回故土，让他们恢复家园，然后回车东巡，在岱宗泰山奉告成功，这是千载难逢的时机。"苻坚高兴地说："这正是我的志向。"

【原文】

尚书左仆射权翼曰："昔纣为无道，三仁在朝，武王犹为之旋师。今晋虽微弱，未有大恶；谢安，桓冲皆江表伟人，君臣辑睦，内外同心，以臣观之，未可图也！"坚嘿然良久，曰："诸君各言其志。"

【注释】

尚书左仆射：尚书省的长官。

三仁：指夏朝微子、箕子、比干三人。

江表：长江以外，即江南地区。

辑睦：和睦。

【译文】

尚书左仆射权翼说："过去商纣王无道，但微子、箕子、比干三位仁人在朝，周武王尚且为此回师，不予讨伐。如今晋朝虽然衰微软弱，但还没有大的罪恶；谢安、桓冲又都是长江一带才识卓越的人才，他们君臣和睦，内外同心，以我来看，不可图谋！”苻坚沉默了良久，说：“你们都说说自己的见解。”

【原文】

太子左卫率石越曰：“今岁镇守斗，福德在吴，伐之必有天殃。且彼据长江之险，民为之用，殆未可伐也。”坚曰：“昔武王伐纣，逆岁违卜。天道幽远，未易可知。夫差、孙皓皆保据江湖，不免于亡。今以吾之众，投鞭于江，足断其流，又何险之足恃乎？”对曰：“三国之君皆淫虐无道，故敌国取之，易于拾遗。今晋虽无德，未有大罪，愿陛下且按兵积谷，以待其衅。”于是群臣各言利害，久之不决。坚曰：“此所谓筑舍道旁，无时可成。吾当内断于心耳。”

【注释】

太子左卫率：护卫太子的官。

岁镇守斗：岁，即木星，也称“太岁”。镇，指土星。斗，指牛、女星。

逆岁违卜：逆岁，逆着太岁的方向行动。

夫差：春秋时吴国的君主。

足断其流：完全可以横断长江的流水。

三国之君：指殷纣、夫差、孙皓。

易于拾遗：比捡起遗落的东西还容易。

衅：空隙。

筑舍道旁：比喻自己没有主见，乱听别人指点，做事永远不能成功。

【译文】

太子左卫率石越说：“今木星、土星居于斗宿，福德在吴地，如果讨伐他们必有天灾。而且他们占据长江天险，百姓又为其所用，恐怕不能讨伐。”苻坚说：“过去周武王讨伐商纣，就是逆太岁运行的方向行动，也违背了占卜的结果。天道隐微幽远，不是可以轻易知道的。夫差、孙皓全都据守江湖，但也不能免于灭亡。如今凭借我的兵力，把鞭子投进长江，也足以断绝水流，又有什么天险足以凭借依靠呢。”石越回答说：“商纣、夫差、孙皓这三国之君，全都淫虐无道，所以敌对的国家攻取他们，比捡起遗落的东西还容易。如今晋朝虽然缺乏道德，但没有大的罪恶，愿陛下暂且按兵不动，积聚粮谷，等待他们灾祸的降临。”于是群臣们各言利害，久久未能决断。苻坚说：“这正所谓在道路旁边修筑屋舍，什么时候才能够建成。我要自我决断了。”

【原文】

群臣皆出，独留阳平公融，谓之曰："自古定大事者，不过一二臣而已。今众言纷纷，徒乱人意，吾当与汝决之。"对曰："今伐晋有三难：天道不顺，一也；晋国无衅，二也；我数战兵疲，民有畏敌之心，三也。群臣言晋不可伐者，皆忠臣也，愿陛下听之。"坚作色曰："汝亦如此，吾复何望！吾强兵百万，资仗如山；吾虽未为令主，亦非劣。乘累捷之势，击垂亡之国，何患不克？岂可复留此残寇，使长为国家之忧哉？"融泣曰："晋未可灭，昭然甚明。今劳师大举，恐无万全之功。且臣之所忧，不止于此。陛下宠育鲜卑、羌、羯，布满畿甸，此属皆我之深仇。太子独与弱卒数万留守京师，臣惧有不虞之变生于腹心肘腋，不可悔也。臣之顽愚，诚不足采。王景略一时英杰，陛下常比之诸葛武侯，独不记其临没之言乎？"坚不听。于是朝臣进谏者众，坚曰："以吾击晋，校其强弱之势，犹疾风之扫叶，而朝廷内外皆言不可，诚吾所不解也。”

太子宏曰：“今岁在吴分，又晋君无罪，若大举不捷，恐威名外挫，财力内竭，此群下所以疑也。”坚曰：“昔吾灭燕，亦犯岁而捷，天道固难知也。秦灭六国，六国之君岂皆暴虐乎？”

【注释】

阳平公融：指苻融，苻坚的弟弟，这时为征南大将军，封阳平公。

我数战兵疲：引自《通鉴·晋纪二十六》载，阳平国常侍慕容绍对其兄楷说的话。

作色：改变脸色。

资仗：军资和武器。

令主：好君主。令，善。

宠育：宠爱养育。

不虞：意料不到。掖：同“腋”。肘腋，比喻近处。

王景略：即王猛，字景略。

燕：即前燕，鲜卑人建立的政权。

【译文】

群臣们都出去了，苻坚唯独把阳平公苻融留下了。苻坚对他说：“自古参与决定大事的人，不过是一两个大臣而已。如今众说纷纭，只能扰乱人心，我要与你来决定此事。”苻融对苻坚说：“如今讨伐晋朝有三难：天道不顺，此其一；晋国自身无灾祸，此其二；我们频繁征战，士兵疲乏，百姓怀有畏敌之心，此其三。群臣当中说不能讨伐晋朝的人，全都是忠臣，愿陛下听从他们的意见。”苻坚脸色一变说：“你也是如此，我还寄希望于谁呢？我有强兵百万，资财兵器堆积如山；我虽然不是好的君主，但也不是昏庸之辈。乘着捷报频传之势，攻击垂死挣扎之国，还怕攻不下来吗？怎么可以再留下这些残敌，使他们长久地成为国家的忧患呢！”苻融哭泣着说：“晋朝无法灭掉，事情非常明显。如今大规模地出动疲劳的军队，恐怕没有完全取得胜利的可能。况且我所忧虑的，还不仅于此。陛下宠爱养育鲜卑人、羌人、羯人，让他们布满京师，这些人都对我们有深仇大恨。太子独自和数万弱兵留守京师，我害怕有不测之变出现在我们的心腹地区，后悔莫及。我的意见不高明又顽固，确实不值得采纳。可是王猛是英明杰出的人，陛下常常把他比作诸葛亮，为什么唯独不铭记他的临终遗言呢？”苻坚依然没有听从。此时向苻坚进谏的朝臣很多，苻坚说：“以我们的力量攻打晋朝，比较双方的强弱之势，就像疾风扫秋叶一样，然而朝廷内外都说不能攻打，这确实令我不能理解。”太子苻宏说：“如今木星在吴地的分野，再加上晋朝国君没有罪恶，如果大举进攻不能取胜，我担心在外威风名声受挫，在内资财力量耗尽，这就是群臣不明白为什么要出战的原因。”苻坚说：“过去我消灭燕国，也违背了木星的征兆，但取得了胜利，天道本来就是难以确知的。秦灭六国，六国之君难道全都是暴虐的君主吗？”

【原文】

冠军、京兆尹慕容垂言于坚曰：“弱并于强，小并于大，此理势自然，非难知也。以陛下神武应期，威加海外，虎旅百万，韩、白满朝，而蕞尔江南，独违王命，岂可复留之以遗子孙哉？《诗》云：‘谋夫孔多，是用不集。’陛下断自圣心足矣，何必广询朝众？晋武平吴，所仗者张、杜二三臣而已，若从朝众之言，岂有混一之功？”坚大悦曰：“与吾共定天下者，独卿而已。”赐帛五百匹。

【注释】

冠军：冠军将军。京兆尹：京城长安的行政长官。慕容垂：淝水之战时为苻坚的冠军将军、京兆尹，淝水之战后，自称燕王，建都中山，历史上称为后燕。

应期：应运而生。

韩、白：韩信、白起。用以比喻名将。

蕞尔：藐小的样子。

谋夫孔多，是用不集：见《诗经·小雅》。孔，甚。不集，不成。这两句的意思是，因为出主意的人太多，所以事情办不成。

晋武：晋武帝司马炎。

混一：统一。

【译文】

冠军将军、京兆尹慕容垂向苻坚进言说："弱被强所并，小被大所吞，这是自然的道理与趋势，并不难理解。像陛下这样神明威武，适应天意，威名远播海外，拥有强兵劲旅百万，韩信、白起那样的良将满朝都是，而江南弹丸之地，独敢违抗王命，岂能再留下他们而交给子孙后代呢？《诗经》云：'出谋划策的人太多，所以事情办不成。'陛下自己在内心做出决断就完全可以了，何必广泛征询众朝臣的意见？晋武帝平定吴国，所倚仗的只有张华、杜预两三位大臣而已，如果听从众朝臣的话，难道能有统一天下的功业？"苻坚十分高兴地说："与我共同平定天下的人，只有你而已。"赏赐给慕容垂五百匹帛。

【原文】

坚锐意欲取江东，寝不能旦。阳平公融谏曰：“‘知足不辱，知止不殆。’自古穷兵极武，未有不亡者。且国家本戎狄也，正朔会不归人。江东虽微弱仅存，然中华正统，天意必不绝之。”坚曰：“帝王历数，岂有常邪，惟德之所在耳。刘禅岂非汉之苗裔邪。终为魏所灭。汝所以不如吾者，正病此不达变通耳。”

【注释】

寝不能旦：睡觉总睡不到天亮就醒。意思是说极其兴奋的状态。

正朔：正月初一。古时改朝换代要改正朔。

历数：气数，运命。

【译文】

苻坚专注于想要攻取晋朝，连睡觉也不能睡到天明。阳平公苻融劝谏他说："'知道满足就不会感到耻辱，知道停止就不会出现危险。'自古以来，穷兵黩武的人没有不灭亡的。况且我们的国家本来就属戎狄之人，天下的正宗嫡传大概不会归于像我们这样的外族人。长江以南的晋朝虽然衰微软弱，残喘生存，但他们是中华的正统，天意一定不会灭绝他们。"苻坚说："帝王更替之道，怎么会有一成不变的呢？只看道德在哪里。刘禅难道不是汉朝的后裔吗？但最终被魏国所灭。你之所以不如我的原因，症结正在于不了解变通的道理。"慕容垂向苻坚进言，请求伐晋。

【原文】

坚素信重沙门道安，群臣使道安乘间进言。十一月，坚与道安同辇游于东苑，坚曰："朕将与公南游吴、越，泛长江，临沧海，不亦乐乎？"安曰："陛下应天御世，居中土而制四维，自足比隆尧、舜，何必栉风沐雨，经略遐方乎？且东南卑湿，沴气易构，虞舜游而不归，大禹往而不复，何足以上劳大驾也！"坚曰："天生烝民而树之君，使司牧之，朕岂敢惮劳，使彼一方独不被泽乎？必如公言，是古之帝王皆无征伐也。"道安曰："必不得已，陛下宜驻跸洛阳，遣使者奉尺书于前，诸将总六师于后，彼必稽首入臣，不必亲涉江、淮也。"坚不听。

【注释】

沙门道安：沙门，即僧人。道安，姓卫，晋朝时的名僧。苻坚攻下襄阳，对他非常器重，把他迎到长安。

应天御世：应天，上应天命。御世，指统治国家。

制四维：统治全国。思维，指四方。

沴气易构：沴气，恶气。构，遭遇。

驻跸：跸，清道。皇帝出巡，途中暂住在某地，叫驻跸。

【译文】

苻坚历来信任重视僧人道安，群臣们让道安寻找机会向苻坚进言。十一月，苻坚与道安同乘一车在东苑游览，苻坚说："朕将要与你一起南游吴、越之地，泛舟长江，亲临沧海，不也是快乐的事情吗？"道安说："陛下顺应天意统治天下，身居中原而控制四方，自身的昌隆足以与尧、舜相比，何必再栉风沐雨，经营远方呢？而且东南地区低洼潮湿，容易遇到灾害不祥之气，虞舜前去游猎就没有回来，大禹去了一趟就再没去第二趟，有什么值得劳您大驾的呢！”

苻坚说：“上天生育民众而为他们选定了君主，是让君主统治他们，朕岂敢害怕辛劳，唯独使那一方土地不承受恩泽呢？如果一定像你所说的那样，古代的帝王就都没有征伐之事了。”道安说：“一定要这样做的话，陛下应该在洛阳停驻，先派遣使者给他们送去书信，众将领统领六军跟随于后，他们就一定会叩首称臣，您不必亲自过长江、淮河。”苻坚没有听从。

【原文】

坚所幸张夫人谏曰：“妾闻天地之生万物，圣王之治天下，皆因其自然而顺之，故功无不成。是以黄帝服牛乘马，因其性也；禹浚九川，障九泽，因其势也；后稷播植百谷，因其时也；汤、武帅天下而攻桀、纣，因其心也，皆有因则成，无因则败。今朝野之人皆言晋不可伐，陛下独决意行之，妾不知陛下何所因此！《书》曰：‘天聪明自我民聪明。’天犹因民，而况人乎？妾又闻王者出师，必上观天道，下顺人心。今人心既不然矣，请验之天道。谚云：‘鸡夜鸣者不利行师，犬群嗥者宫室将空，兵动马惊，军败不归。’自秋冬以来，众鸡夜鸣，群犬哀号，厩马多惊，武库兵器自动有声，此皆非出师之祥也。”坚曰：“军旅之事，非妇人所当预也！”

【注释】

所幸张夫人：幸，宠爱。张夫人，苻坚妾，明辨有才识，谏议苻坚不要伐晋，苻坚不听。后苻坚败于寿春，张夫人乃自杀。

服牛乘马：服牛，驾牛，用牛拉车。乘马，骑马。

浚：疏通。

后稷：周人的祖先。

心：顺着人心。

有因：有所遵循。

【译文】

苻坚所宠爱的张夫人劝谏他说："妾听说天地滋生万物，圣王治理天下，全都是顺其自然，所以功业无所不成。黄帝之所以能驾牛骑马，是顺应了它们的禀性；大禹之所以能疏通九川，挡住九泽，是顺应流水的趋势；后稷之所以能播种繁殖百谷，是顺应了天时；商汤、周武王之所以能率领天下人攻下夏桀、商纣，是顺着人心，全都是顺应则成功，不顺应则失败。今朝野上下都说晋朝不可讨伐，唯独陛下一意孤行，妾不知道陛下是顺应了什么！《尚书》上说：'上天的聪慧明察来自于民众的聪慧明察。'上天尚且要顺应民意，何况是人呢？妾又听说君王出动军队，一定要上观天道，下顺人心。如今人心既然不同意讨伐晋朝，请您再查验一下天道。俗谚说：'鸡夜鸣时不利于出师，犬群嚎时宫室将空，出征时遇马惊，军败难归。’自秋末冬初以来，众鸡夜鸣，群犬哀号，圈马多惊，武库里的兵器自己响动，这些都是不能出师的兆头。”苻坚说：“军旅之事，不是妇人所应当参与的！”

【原文】

坚幼子中山公诜最有宠，亦谏曰：“臣闻国之兴亡，系贤人之用舍。今阳平公，国之谋主，而陛下违之，晋有谢安、桓冲，而陛下伐之，臣窃惑之。”坚曰：“天下大事，孺子安知！”

【注释】

中山公诜：《晋书·苻坚载记》：“少子中山公诜，有宠于坚。”

孺子安知：小孩子哪里知道。

【译文】

苻坚的小儿子中山公苻诜最受宠爱，他也劝谏苻坚说："我听说国家的兴亡，与对贤明之人的弃用相联系。如今阳平公苻融，是国家的主谋，然而陛下却不听他的意见，晋朝有谢安、桓冲，而陛下却要讨伐他们，我私下里感到大惑不解。"苻坚说："天下大事，小孩子知道什么！"

【原文】

太元八年（癸未，公元383年）秋，七月，秦王坚下诏大举入寇，民每十丁遣一兵；其良家子年二十已下，有材勇者，皆拜羽林郎。又曰："其以司马昌明为尚书左仆射，谢安为吏部尚书，桓冲为侍中，势还不远，可先为起第。"良家子至者三万余骑，拜秦州主簿赵盛之为少年都统。是时朝臣皆不张夫人劝谏苻坚不可伐晋。

苻坚的小儿子中山公苻诜最受宠爱，他也劝谏苻坚不要伐晋。

欲坚行，独慕容垂、姚苌及良家子劝之。阳平公融言于坚曰："鲜卑、羌虏，我之仇雠，常思风尘之变以逞其志，所陈策划，何可从也？良家少年皆富饶子弟，不闲军旅，苟为谄谀之言，以会陛下之意。今陛下信而用之，轻举大事，臣恐功既不成，仍有后患，悔无及也。"坚不听。

【注释】

入寇：侵入东晋。

良家子：古代多调发罪人从军作战，对于来自一般人家的应募子弟，叫作良家子。

司马昌明：即东晋孝武帝司马曜，字昌明。

谢安：字安石，东晋陈国阳夏（今河南太康）人。出身名门大族，少有重名，年四十余始仕为桓温司马，后历任侍中、吏部尚书、中护军等职。简文帝死后，他与王坦之合力挫败桓温称帝之谋，并于温死后执政，继承王导之政风，“镇之以和静”，“为政务举大纲，不为小察”。淝水战后，以功拜太保，都督扬、江等十五州诸军事，加黄钺。不久，被孝武帝同母弟司马道子排斥，病卒。

桓冲：字幼子，东晋谯国（治今安徽亳县）龙亢人，桓温之弟。温死后，冲领其军职，累迁徐州、荆州刺史，都督江、荆等九州军事，与谢安同心保护朝廷。苻坚南征，冲以为谢安不任军事，故有“吾其左衽”语。及谢玄等破苻坚，自以为失职，惭恨成疾而死。

势还不远：意谓依情势看，凯旋还师，为时不远。即苻坚断定南征必胜，东晋必亡，所以诏书中连东晋皇帝、大臣归降后的官职都预先派定。

秦州：今甘肃天水。都统：武官名，始置于十六国时期，为统兵将官。

慕容垂：字道明，鲜卑人，世居昌黎（今辽宁义县）棘城，为前燕主慕容日加韦之叔，封吴王。公元369年，率军击败东晋桓温军于枋头（今河南浚县西南），以功遭燕主忌，被迫投奔苻坚。历任前秦京兆尹，统兵转战有功，封泉州侯。淝水战后，前秦分裂，垂遂于公元384年自称燕帝，都中山（今河北定州），建立后燕。姚苌：字景茂，晋南安赤亭（今甘肃陇西县西）烧当羌人。父弋仲、兄襄皆为羌酋，附后赵、东晋。襄被苻坚所杀后，苌降前秦，得坚信任，命为将，屡立战功，但始终心持异端。淝水战后，前秦分裂，苌于公元384年据北地（今陕西富平），自称大将军、大单于、万年秦王。次年，攻杀苻坚，取长安，自称秦帝，建立后秦。

仇雠：仇敌。

闲：通“娴”，熟习、懂得。

【译文】

太元八年（癸未，公元383年）秋，七月，秦王苻坚下诏大举发兵侵入东晋，百姓每十名成年男子中征一人当兵；良家子弟年龄在二十岁以下，勇武有力的人，都被任命为羽林郎。又说："胜利后要用东晋皇苻坚不听众人劝谏，一意孤行。帝司马昌明为尚书左仆射，宰相谢安为吏部尚书，车骑将军桓冲为侍中，以此形势来看，这是很快的事了，可以先为他们起好宅第。"

良家子弟自带战马应征而来的有三万多人，任命秦州主簿赵盛之为少年都统，统领这些人。当时，朝臣都不想让苻坚南行，只有慕容垂、姚苌和应征来的良家子弟希望苻坚南下。阳平公苻融对苻坚说："鲜卑、羌族的俘虏都是我们的仇敌，他们一直在等待机会报仇复国，他们所说的计策怎么能听呢？良家少年都是富家子弟，不熟悉军旅的事，不过是说些阿谀奉承的话讨陛下的欢心罢了。如今陛下相信并采纳了他们的话，轻率地率大军南下，我担心不仅不能成就战功，还会有后患，到时后悔就来不及了。”苻坚不听。

【原文】

八月戊午，坚遣阳平公融督张蚝、慕容垂等步骑二十五万为前锋；以兖州刺史姚苌为龙骧将军，督益梁州诸军事。坚谓苌曰：“昔朕以龙骧建业，未尝轻以授人，卿其勉之！”左将军窦冲曰：“王者无戏言，此不祥之征也！”坚默然。

慕容楷、慕容绍言于慕容垂曰：“主上骄矜已甚，叔父建中兴之业，在此行也。”垂曰：“然。非汝，谁与成之！”

甲子，坚发长安，戎卒六十余万，骑二十七万，旗鼓相望，前后千里。九月，坚至项城，凉州之兵始达咸阳，蜀、汉之兵方顺流而下，幽、冀之兵至于彭城，东西万里，水陆齐进，运漕万艘。阳平公融等兵三十万先至颍口。

【注释】

昔朕以龙骧建业：苻坚是苻健弟雄之子，健称秦帝，任坚为龙骧将军。公元355年，健死，子生继位，凶狠残暴。公元357年，苻坚借众怒杀生，自立为秦帝，故有此语。

项城：今河南项城东南槐坊店。

彭城：今江苏徐州。

颍口：即颍水入淮之口，在晋下蔡县（今安徽颍上县）附近。

【译文】

八月戊午（初二），苻坚派阳平公苻融督帅张蚝、慕容垂等人的步、骑兵二十五万人为前锋，任命兖州刺史姚苌为龙骧将军，督益州和梁州各方面的军事。苻坚对姚苌说："过去我靠龙骧将军慕容楷、慕容绍劝说慕容垂建立中兴大业。苻坚出语随意，左将军窦冲严肃提醒他。

【原文】

诏以尚书仆射谢石为征虏将军、征讨大都督，以徐兖二州刺史谢玄为前锋都督，与辅国将军谢琰、西中郎将桓伊等众共八万拒之；使龙骧将军胡彬以水军五千援寿阳。琰，安之子也。

【注释】

谢石：字石奴，谢安之弟。累官尚书仆射。淝水战后，升任尚书令，封南康郡公。无干才，聚敛无厌，为时所讥。

谢玄：字幼度，谢安兄奕之子。以才略闻名，为安所器重。曾任徐州、兖州刺史，屡与前秦军作战，其部将刘牢之亦随征成为东晋名将。淝水战中，玄军为晋军主力，其前锋五千人即刘牢之统率的北府兵。秦军败后，玄任前锋都督，率军北伐，收复徐、兖、青、司、豫、梁六州，刘牢之部还直入河北名都邺城。战后，玄以功加都督徐、兖等七州诸军事，封康乐县公。

谢琰：字瑗度，谢安之子。淝水战前任辅国将军，战后以功封望蔡县公，累官至徐州刺史。后与刘牢之共同镇压孙恩起义，兵败，为部将所杀。桓伊：字叔夏，东晋谯国（治今安徽亳县）铚人。以有武材，被荐为淮南、历阳等郡太守，屡与前秦军作战有功，任西中郎将。淝水战后，以功封永修县侯，累官至豫州、江州刺史。又以善音乐闻名，时称江左第一。

寿阳：今安徽寿县。

【译文】

东晋下达诏令，任命尚书仆射谢石为征虏将军、征讨大都督，任命徐兖二州刺史谢玄为前锋都督，与辅国将军谢琰、西中郎将桓伊等人的兵马计八万人抵抗前秦；让龙骧将军胡彬率领五千水军援助寿阳。谢琰是谢安的儿子。

【原文】

是时秦兵既盛，都下震恐。谢玄入，问计于谢安，安夷然答曰："已别有旨。"既而寂然。玄不敢复言，乃令张玄重请。安遂命驾出游山墅，亲朋毕集，与玄围棋赌墅。安棋常劣于玄，是日，玄惧，便为敌手而又不胜。安遂游陟，至夜乃还。桓冲深以根本为忧，遣精锐三千人卫京师。谢安固却之，曰："朝廷处分已定，兵甲无阙，西藩宜留以为防。"冲对佐阳平叹曰："谢安石有庙堂之量，不闲将略。今大敌垂至，方游谈不暇，遣诸不经事少年拒之，众又寡弱，天下事已可知，吾其左衽矣！”

【注释】

都下：指东晋朝廷上下。

夷然：夷，平坦。夷然，形容坦然而无异于平日的样子。

张玄：《晋书》无传。按《晋书·谢玄传》谓：谢玄转授会稽内史，时吴兴太守、晋宁侯张玄之亦以才显，自吏部尚书与谢玄同年到郡。玄之名亚于玄，时人称为“南北二玄”。疑玄之即此张玄之字。

与玄围棋赌墅：谓谢安和谢玄下围棋，以别墅作赌注。

根本：指东晋都城建康（今江苏南京）。

西藩：桓冲时镇荆州（治今湖北江陵），地当京师建康之西，故称西藩。

庙堂之量：庙即太庙，堂即明堂。古代帝王每遇大事，皆告于太庙而议于明堂，后即以庙堂喻指朝廷。庙堂之量，谓执掌朝政的才能和度量。

不经事：即未经历过世事、不懂事之意。

吾其左衽矣：语出《论语·宪问》，乃孔子赞扬管仲之言，原意谓：如果没有管仲，我大概就要披发左衽了。衽即衣襟，左衽指衣襟向左交领。按古代北方游牧民族都披发左衽，而中原华夏民族则束发右衽。桓冲在这里借用此典故，意指东晋将会战败，国民都将臣服于前秦氐族人的统治。

【译文】

这时前秦的军队正是最强盛的时候，东晋朝廷上下闻听苻坚南下的消息，都震惊恐慌。谢玄入朝，向谢安询问应对之策，谢安一副平静的样子，回答说："已经另有打算了。"紧接着就不说话了。谢玄不敢再问，就让张玄重新请求指令。谢安于是就命令驾车出游山间别墅，亲戚朋友云集，与谢玄在别墅玩围棋赌博。谢安的棋术平时不如谢玄，这天，谢玄由于内心恐惧，在有利的形势下反而不能取胜。谢安于是就登山漫游，到夜晚才回来。桓冲对东晋的根基大业感到很忧虑，于是派精锐部队三千人到建康来保卫京师。谢安坚决地阻拦他，说："朝廷的处理办法已经决定，士兵武器都不缺乏，应留在西藩以作防备。"桓冲对藩府参佐叹息道："谢安有执掌朝政的才能和度量，但不熟悉带兵打仗的方法。如今大敌马上就要到了，还尽情游玩，高谈阔论不止，只派遣未经战事的年轻人前去抵抗，再加上兵力不足，力量弱小，天下的结局已经可以知道了，我们将要受外族的统治了！"

【原文】

冬，十月，秦阳平公融等攻寿阳，癸酉，克之，执平虏将军徐元喜等。融以其参军河南郭褒为淮南太守。慕容垂拔郧城。胡彬闻寿阳陷，退保硖石，融进攻之。秦卫将军梁成等率众五万屯于洛涧，栅淮以遏东兵。谢石、谢玄等去洛涧二十五里而军，惮成不敢进。胡彬粮尽，潜遣使告石等曰："今贼盛粮尽，恐不复见大军！"秦人获之，送于阳平公融。融驰使白秦王坚曰："贼少易擒，但恐逃去，宜速赴之！"坚乃留大军于项城，引轻骑八千，兼道就融于寿阳。遣尚书朱序来说谢石等，以为"强弱异势，不如速降"。序私谓石等曰："若秦百万之众尽至，诚难与为敌。今乘诸军未集，宜速击之。若败其前锋，则彼已夺气，可遂破也。"

【注释】

郧城：在晋江夏郡云杜县（今湖北安陆市境）。

硖石：胡三省注引《水经注》说："淮水东过寿春县北，右合谢安与谢玄下棋，谢玄因秦军南下之事恐惧而心不在焉。肥水；又北径山峡中，谓之峡石，对岸山上结二城，以防津要。"又引杜佑《通典》说："硖石，今汝阴郡下蔡县。"按其地当在今安徽寿县西北、凤台县东南。

洛涧：胡三省注引《水经注》说："洛涧上承死马塘水，北历秦墟，下注淮，谓之洛口。"按即今安徽洛河。源出肥东县北，流经定远、寿县间，过淮南市东，至怀远县西南入淮河。d兼道：加倍赶路。

朱序：字次伦，东晋义阳（今河南新野南）人。家世为将，曾任东晋梁州刺史，镇襄阳，前秦攻陷襄阳时被俘，任为秦度支尚书。淝水战后，复归东晋，历官豫州刺史等职。

【译文】

冬季，十月，前秦阳平公苻融等攻打寿阳，癸酉（十八日），攻入城中，擒获了东晋平虏将军徐元喜等人。苻融任命他的参军河南人郭褒为淮南太守。慕容垂攻克郧城。东晋胡彬听说寿阳陷落，便退守硖石，苻融进军攻打硖石。前秦卫将军梁成等率领五万将士驻扎在洛河，在淮河上设立栅栏以阻止东晋的援军。谢石、谢玄等在离洛涧二十五里的地方扎营，因为害怕梁成而不敢进兵。胡彬粮草将要用尽，暗中派人向谢石等报告说："现在贼寇强盛而我的粮食已经耗尽，恐怕不能再见到大军了。"秦人抓到送信的人，押送到苻融那里。苻融急速派使者向前秦王苻坚报告说："晋军人少，容易擒获，只怕他们逃走，应该迅速率兵前来。"苻坚于是将大军留在项城，自己带了八千轻骑兵，日夜兼程，赶赴寿阳和苻融会合。

苻坚派尚书朱序去劝降谢石，认为“形势强弱悬殊，不如赶快投降”。朱序私下却对谢石等人说：“如果秦军百万之众全数到达，晋军实在很难与之对抗。现在趁各路大军尚未会集，应该迅速出击。如果打败前秦前锋，那他们就丧失了士气，就可击败他们了。”

【原文】

石闻坚在寿阳，甚惧，欲不战以老秦师。谢琰劝石从序言。十一月，谢玄遣广陵相刘牢之率精兵五千趣洛涧，未至十里，梁成阻涧为陈以待之。牢之直前渡水，击成，大破之，斩成及弋阳太守王。又分兵断其归津，秦步骑崩溃，争赴淮水，士卒死者万五千人，执秦扬州刺史王显等，尽收其器械军实。于是谢石等诸军，水陆继进。秦王坚与阳平公融登寿阳城望之，见晋兵部阵严整，又望见八公山上草木，皆以为晋兵，顾谓融曰：“此亦勍敌，何谓弱也！”怃然始有惧色。

【注释】

老秦师：老，疲、衰之意，这里作使动用法，谓使秦军疲乏力衰。

刘牢之：字道坚，彭城（今江苏徐州）人，东晋名将。

阻涧为陈：阻，抢先占据。陈，同“阵”。谓抢先占据洛河，布成阵势。

八公山：古山名，在今安徽寿县北、淮南市西。传说汉淮南王刘安好神仙，有八公须眉皓齿，至门求见，守门者谓：“吾王好长生，今先生等无驻衰之术，未敢以闻。”八公忽都变为童子，淮南王遂于此山立庙祭祀，名为八公山。一说当时庙内所供奉的是淮南王的门客左吴、伍被等八人。

怃然：怅然失意貌。

【译文】

谢石听说苻坚已到寿阳，非常害怕，想用不出战的方式拖垮前秦的军队。谢琰劝谢石听从朱序的话。十一月，谢玄派广陵相刘牢之率领五千精兵直奔洛涧，在离洛涧不到十里的地方，梁成就依涧布好阵势等待他们。刘牢之径直向前渡水，攻击梁成，大破梁成的前秦军，斩杀了朱序私下劝谢石迅速出击，通过挫败秦军前锋来瓦解秦军。

梁成和弋阳太守王。又分兵阻断秦军撤退的险要渡口，秦军步兵和骑兵陷入混乱中，争相渡河，损失了一万五千人马，抓获前秦扬州刺史王显等，全部缴获了他们的武器军备和粮饷。于是谢石诸军从水陆相继前进。秦王苻坚与阳平公苻融登上寿阳城观望，见东晋的军队布阵严整，又望见八公山上草木摇动，以为都是晋兵，苻坚回头对苻融说："晋军也是劲敌，怎么能说他们软弱呢！"怅然若失，脸上开始有畏惧之色。

【原文】

秦兵逼肥水而陈，晋兵不得渡。谢玄遣使谓阳平公融曰："君悬军深入，而置陈逼水，此乃持久之计，非欲速战者也。若移陈少却，使晋兵得渡，以决胜负，不亦善乎？"秦诸将皆曰："我众彼寡，不如遏之使不得上，可以万全。"坚曰："但引兵少却，使之半渡，我以铁骑蹙而杀之，蔑不胜矣。"融亦以为然，遂麾兵使却。秦兵遂退，不可复止。谢玄、谢琰、桓伊等引兵渡水击之。融驰骑略陈，欲以帅退者，马倒，为晋兵所杀，秦兵遂溃。玄等乘胜追击，至于青冈。秦兵大败，自相蹈藉而死者，蔽野塞川。其走者闻风声鹤唳，皆以为晋兵且至，昼夜不敢息，草行露宿，重以饥冻，死者什七八。初，秦兵少却，朱序在陈后呼曰："秦兵败矣！"众遂大奔。

序因与张天锡、徐元喜皆来奔。获秦王坚所乘云母车及仪服、器械、军资、珍宝、畜产不可胜计。复取寿阳，执其淮南太守郭褒。

【注释】

陈：同“阵”，布阵。

蹙：通“蹴”，踢、踩、踏之意。

蔑不：蔑，无。蔑不，即无不。

麾：指挥。

驰骑略陈：骑着马来回奔驰，想要压住阵脚。

青冈：古地名。今安徽凤台西北。胡三省注：“青冈去今寿春县（今安徽寿县）三十里。”

蹈藉：践踏倒卧，纵横相枕。

风声鹤唳：形容惊慌失措，或自相惊扰。唳，鹤叫声。

张天锡：字纯嘏，晋安定乌氏（今甘肃平凉西北）人。本为张轨所建前凉国的末代君主，公元376年被苻坚击灭，降秦，官尚书。苻坚攻晋，任南征司马。淝水战中，又奔降东晋，官凉州刺史，甚为晋人所轻。

云母车：别的版本“云母车”下有“及仪服、器械、军资、珍宝、畜产不可胜计”十五字。云母晶体透明，成板状，有色彩，古代用以饰车，以示贵重。晋制：以云母饰犊车，以赐王公，臣下不得乘。

【译文】

前秦的军队在靠近淝水的地方布好阵，晋军无法渡江。谢玄派使者对阳平公苻融说：“您孤军深入，而靠着河岸列阵，这是作持久战的打算，不是想迅速交战的办法。如果贵军能将兵阵稍稍向后移动一下，让晋兵能够渡过河，然后一决胜负，不也是件好事吗？”前秦的将领都说：“我众敌寡，不如遏制晋军渡河，使他们不能上岸，这样才能万无一失。”苻坚说：“我们带领兵众稍微后撤一点，等他们渡河渡到一半的时候，我们再出动铁甲骑兵奋起攻杀，这样没有不胜的道理。”苻融也认为可以，于是就挥舞战旗，指挥兵众后退。秦兵一退就停不下来。谢玄、谢琰、桓伊等立刻带兵渡河追击。苻融骑马布阵，想要指挥后退的士兵，但是马被绊倒，为晋兵所杀，秦兵于是溃败。谢玄等乘胜追击，一直追到青冈。秦兵大败，自相践踏而死的人，遮蔽秦王苻坚与阳平公苻融登上寿阳城观望晋军阵地，视草木皆以为晋军。

【原文】

坚中流矢，单骑走至淮北，饥甚，民有进壶飧、豚髀者，坚食之，赐帛十匹，绵十斤。辞曰：“陛下厌苦安乐，自取危困。臣为陛下子，陛下为臣父，安有子饲其父而求报乎？”弗顾而去。坚谓张夫人曰：“吾今复何面目治天下乎？”潸然流涕。

【注释】

壶飧、豚髀：飧，《孟子·滕文公》："饔飧而治。"赵岐注："饔飧，熟食也；朝曰饔，夕曰飧。"胡三省注引《字林》释飧曰："水浇饭也。"按这里当从胡注，壶飧即用壶盛装的稀饭。豚，猪。髀，大腿。豚髀，指猪腿肉。

饲：给人吃食。

张夫人：苻坚的宠姬，曾劝坚不可伐晋。

【译文】

苻坚中了流箭，单枪匹马逃到淮北，十分饥饿，有的百姓送来盛在壶里的水泡饭、猪骨头，苻坚吃了以后，赏赐给他们十匹布帛，十斤绵。这些人推辞说："陛下不肯安于逸乐，冒险征伐东晋，是自取困苦。臣民是陛下的儿子，陛下是臣民的父亲，哪里有儿子给父亲饭吃还求取报偿的呢？”他们连赏赐的那些东西看也没看就离开了。苻坚对张夫人说：“我如今再以什么面目去治理天下呢？”说着便潸然泪下。

【原文】

是时，诸军皆溃，惟慕容垂所将三万人独全，坚以千余骑赴之。世子宝言于垂曰：“家国倾覆，天命人心皆归至尊，但时运未至，故晦迹自藏耳。今秦主兵败，委身于我，是天借之便以复燕祚，此时不可失也，愿不以意气微恩忘社稷之重。”垂曰：“汝言是也。然彼以赤心投命于我，若之何害之！天苟弃之，不患不亡。不若保护其危以报德，徐俟其衅而图之，既不负宿心，且可以义取天下。”奋威将军慕容德口：“秦强而并燕，秦弱而图之，此为报仇雪耻，非负宿心也，兄奈何得而不取，释数万之众以授人乎？”

【注释】

世子宝：即慕容宝，慕容垂第四子。苻坚时，任太子洗马、万年令。垂称帝，建后燕，立宝为太子；垂死，宝继位为后燕帝。

意气微恩：指苻坚厚待慕容垂父子事。

若之何：如何、怎能。

慕容德：字玄明，慕容垂的少弟。前、后燕时，封范阳王。后慕容宝被杀，德在滑台（今河南滑县东）称燕王。公元400年，攻下广固（今山东益都县北），称帝，建立南燕。

【译文】

这时，前秦的各路军队全都溃散，唯独慕容垂所统领的三万人完整保全，苻坚带领一千多山野，堵塞山川。逃走的士兵听见风声和鹤的鸣叫声，都以为是东晋的军队将要来到，昼夜不敢停下来休息，慌不择路，风餐露宿，冻饿交加，死者十有七八。当初，秦兵稍作退却时，朱序就在阵后面高声呼喊："秦兵败了！"兵众们听到后就狂奔乱逃。朱序乘机和张天锡、徐元喜投奔到东晋。晋军俘获秦王苻坚所乘坐的装饰着云母的车乘及仪服、器械、军资、珍宝、畜产不可胜数军。又收复寿阳，抓获前秦淮南太守郭褒。

骑兵到了他那里。长子慕容宝向慕容垂进言说："国与家覆灭，天命人心全都归于极其尊贵的帝王，只是时运还未到，所以应该掩饰形迹不要表露出来。如今秦主兵败，委身于我们，这是上天赐予的有利时机以恢复燕国，这个时机不可失去，愿您不要因为受到过小恩小惠而忘掉了恢复燕国的重要事情。"慕容垂说："你说得对。然而他以一片赤诚之心把自身的安全交给我，我怎能伤害他！假如上天抛弃他，不用担心他不灭亡。不如在危难中保护他以报答他的恩德，慢慢地等待他的灾祸，然后再图谋他，这样既不违背往日的心愿，又能以道义征服天下。”奋威将军慕容德说：“秦国强大的时候吞并了燕国，秦国微弱的时候图谋它，这是报仇雪耻，不是违背往日的心愿。哥哥为什么得到了却不占取，放弃数万兵众而给他人呢？”

【原文】

垂曰：“吾昔为太傅所不容，置身无所，逃死于秦，秦主以国士遇我，恩礼备至。后复为王猛所卖，无以自明，秦主独能明之，此恩何可忘也？若氐运必穷，吾当怀集关东，以复先业耳，关西会非吾有也。”冠军行参军赵秋曰：“明公当绍复燕祚，著于图谶；今天时已至，尚复何待！若杀秦主，据邺都鼓行而西，三秦亦非苻氏之有也！”垂亲党多劝垂杀坚，垂皆不从，悉以兵授坚。平南将军慕容暐屯郧城，闻坚败，弃其众遁去；至荥阳，慕容德复说起兵以复燕祚，不从。

【注释】

太傅：指前燕慕容時的太傅慕容评。评与太后可足浑氏密谋诛慕容垂，迫垂投奔前秦。

后复为王猛所卖：王猛，字景略，北海剧（今山东昌乐西）人，十六国时著名政治家。少贫贱，隐居华山读书，尤好兵书。后事苻坚，甚见亲信，累官至丞相，镇压豪强，休息民力，选拔清廉，无才不任，使前秦出现汉魏以来少见的清明政治。临终语坚，说东晋乃正统所在，希勿攻伐；又劝坚斩除鲜卑慕容氏、西羌姚氏等仇敌，以杜后患。坚不听，后果如猛所言。慕容垂谓为王猛所卖事，当指公元370年王猛伐前燕，以垂子令参军事，任向导，至洛阳诈为垂使者让令叛秦，以借此谋杀垂，但因苻坚不欲罪垂而未果。

怀集关东：谓以怀柔之策召集关东兵民。关东，指潼关以东地区。

著于图谶：著，显现、显示。图谶，古代巫师、方士所制作的一种隐语或预言，以作为吉凶的符验或征兆，多为王者受命的舆论工具。

三秦：指关中（亦称关西）地区。按：秦朝灭亡后，项羽称西楚霸王，将关中秦国故地划分为三部分，分别封授给雍王章邯（领有咸阳以西地）、塞王司马欣（领有咸阳以东地）、翟王董翳（领有今陕北地），三地合称“三秦”。

慕容：字景茂，前燕主慕容俊第三子，嗣俊即位称帝。因燕国贵族争权内乱，于公元370年为前秦王猛率军攻破，被俘，前燕亡。苻坚封为新兴侯，后任平南将军，从坚伐晋；淝水战败，又随坚返长安。慕容垂起兵叛秦时，欲谋杀坚以应，事泄被杀。

荥阳：郡县名，治所在今河南郑州西、黄河南岸。

【译文】

慕容垂说："我过去被太傅慕容评所不容，无处安身，逃死到了秦国，秦国主像对待国中才能出众的人那样对待我，恩义礼遇没有做不到的地方。后来我又被王猛所出卖，无慕容垂的亲信党羽劝他杀掉苻坚，慕容垂一概没有听从，命令把军队交给苻坚。法自我明辨，唯独秦国主能明察，这样的恩情怎么能忘记呢？如果氐族人的命运必定穷尽，我应以怀柔之策召集关东兵民，以光复先帝的大业，关西之地必定不会归我所有。"冠军行参军赵秋说："明公您应当继承光复燕国的国统，这已经明显地表现在图谶上了；如今天时已经到了，还等待什么！如果杀掉秦国主苻坚，占据邺都，之后再向西发展，三秦之地也就不归苻氏所有了！"慕容垂的亲信党羽大多都劝他杀掉苻坚，慕容垂一概没有听从命令把军队交给苻坚。平南将军慕容驻扎在郧城，听说苻坚失败后，丢弃了他的兵众逃走了。到达荥阳，慕容德又劝说慕容起兵以恢复前燕的国统，慕容没有听从。

【原文】

谢安得驿书，知秦兵已败，时方与客围棋，摄书置床上，了无喜色，围棋如故。客问之，徐答曰："小儿辈遂已破贼。"既罢，还内，过户限，不觉屐齿之折。

【注释】

摄书置床上，了无喜色：摄，收、敛。床，坐榻。了无，全无、毫无。谓谢安把信收起放在坐榻上，脸上全无喜色，这是描写他故作镇静。

过户限，不觉屐齿之折：户限，门槛。屐齿，木屐的底齿。谓谢安尽管故作镇静，但仍难以控制内心喜悦之情，以致过门槛时步履不稳，不知不觉间竟折断了屐齿。

【译文】

谢安接到驿站传来的书信，知道前秦的军队已经失败，当时他正与客人玩围棋，拿着信放到了床上，毫无高兴的样子，像没接到书信之前一样继续下棋。客人问他是什么事，他慢条斯理地回答说："小孩子们已经打败敌寇了。"下完棋后，他返回屋里，过门槛时，高兴得竟然连屐齿被折断都没有发觉。

宋　纪

刘裕受禅

【原文】

永初元年（庚申，公元420年）春，正月己亥，魏主还宫。

秦王炽磐立其子暮末为太子，仍领抚军大将军、都督中外诸军事，大赦，改元建弘。宋王欲受禅而难于发言，乃集朝臣宴饮，从容言曰："桓玄篡位，鼎命已移。我首唱大义，兴复帝室，南征北伐，平定四海，功成业著，遂荷九锡。今年将衰暮，崇极如此，物忌盛，非可久安；今欲奉还爵位，归老京师。"群臣惟盛称功德，莫谕其意。日晚，坐散。中书令傅亮还外，乃悟，而宫门已闭，亮叩扉请见，王即开门见之。亮入，但曰："臣暂宜还者。"王解其意，无复他言，直云："须几人自送？"亮曰："数十人可也。"即时奉辞。亮出，已夜，见长星竟天，拊髀叹曰："我常不信天文，今姑验矣。”亮至建康，夏，四月，征王入辅。王留子义康为都督豫、司、雍、并四州诸军事、豫州刺史，镇寿阳。义康尚幼，以相国参军南阳刘湛为长史，决府、州事。湛自弱年即有宰物之情，常自比管、葛，博涉书史，不为文章，不喜谈议，王甚重之。五月乙酉，魏更谥宣武帝曰道武帝。

【注释】

首唱：同“首倡”。

九锡：中国古代皇帝赐给诸侯、大臣有殊勋者的九种礼器，表示最高礼遇。锡，在古代通“赐”字。

拊髀：拍着大腿，像麻雀似的跳跃。形容非常高兴的样子。拊，拍；髀，大腿。

【译文】

永初元年（庚申，公元420年）春季，正月己亥（十四日），北魏国主回宫。西秦王乞伏炽磐封他的儿子乞伏暮末为太子，任命他仍旧兼任抚军大将军，总管全国内外的军事，大赦天下，改年号为建弘。宋王刘裕想让晋恭帝司马德文把帝位以禅让的形式传给自己，但是他无法开口，于是，他召集朝臣饮酒欢宴，刘裕十分从容地说："当年桓玄篡位时，晋国的大权落入他人之手。我首先提倡大义，复兴皇帝宗室，我南征北讨，平定了天下，可以说是大功告成，业绩卓著，因此皇上恩赐我九锡之尊。现在我的年纪快老了，地位又如此尊崇，天下之事最忌讳装得太满而溢出来，那样就得不到长久的安宁了；如今我想把爵位奉还皇上，回到京师养老。"群臣只是一味盛称他的功德，却不理解他真正的含义。这天天色已晚，群臣散去。中书令傅亮走出宫门，这才悟出宋王一席话的真正含义，但是宫门已经关闭了，傅亮就叩门请求拜见宋王，宋王就命令开门召见他。傅亮进入宫中，只是说："我应当暂且返回京师。"宋王刘裕明白了他的用意，就不再说别的了，直接问道：“你需要多少人护送？”傅亮说：“几十个人就够了。”傅亮于是就与宋王刘裕辞别。傅亮出宫时已是半夜时分，见到彗星划过夜空，傅亮拍着腿叹道：“我过去常不相信天象，如今看来天象开始应验了。”傅亮来到京师建康，当时正是初夏四月，晋恭帝征召刘裕入京辅助。刘裕让他的儿子刘义康留守，任命他为都督豫司雍并四州诸军事、豫州刺史，令他镇守寿阳。刘义康还年幼，刘裕就任用相国参军南阳人刘湛为长史，令他帮助决策和处理府、州事务。刘湛从小就有做宰相的志向，他经常以管仲、诸葛亮自比，刘湛博览书史，却不喜欢做文章，也不喜欢空议论。刘裕非常器重他。

五月乙酉（初二），北魏变更宣武帝拓跋珪的谥号为道武帝。

【原文】

魏淮南公司马国璠、池阳子司马道赐谋外叛，司马文思告之。庚戌，魏主杀国璠、道赐，赐文思爵郁林公。国璠等连引平城豪桀，坐族诛者数十人，章安侯封懿之子玄之当坐。魏主以玄之燕朝旧族，欲宥其一子。玄之曰："弟子磨奴早孤，乞全其命。"乃杀玄之四子而宥磨奴。六月壬戌，王至建康。傅亮讽晋恭帝禅位于宋，具诏草呈帝，使书之。帝欣然操笔，谓左右曰："桓玄之时，晋氏已无天下，重为刘公所延，将二十载；今日之事，本所甘心。"遂书赤纸为诏。

甲子，帝逊于琅邪第，百官拜辞，秘书监徐广流涕哀恸。丁卯，王为坛于南郊，即皇帝位。礼毕，自石头备法驾入建康宫。徐广又悲感流涕，侍刘裕让他的儿子刘义康留守，并让刘湛帮助其子决策和处理府、州事务。

中谢晦谓之曰："徐公得无小过！"广曰："君为宋朝

佐命，身是晋室遗老，悲观之事，固不可同。”广，邈之弟也。帝临太极殿，大赦，改元。其犯乡论清议，一皆荡涤，与之更始。

【注释】

宥：宽容，饶恕。

哀恸：极为悲痛。悲哀到了极点。

【译文】

北魏淮南公司马国璠、池阳子司马道赐阴谋反叛，司马文思告发了他们。庚戌（二十七日），北魏国主拓跋嗣杀了司马国璠与司马道赐，赐封司马文思为郁林公。司马国璠等人的阴谋牵连了平城的大户豪强，全族被诛杀的就有几十个人，章安侯封懿的儿子封玄之也应当被斩首。北魏国主因为封玄之是燕朝旧族，想要宽恕他的一个儿子。封玄之说：“我弟弟的儿子封磨奴幼年丧父，乞求您保全他的性命。”北魏国主就杀掉了封玄之的四个儿子而饶恕了封磨奴。

六月壬戌（初九），宋王刘裕来到建康。傅亮暗示晋恭帝将帝位禅让给宋王刘裕，并且将草拟的退位诏书呈送给了晋恭帝，让他自己再抄写一遍。晋恭帝非常高兴地拿起了笔，并对左右侍臣说：“桓玄之乱时，晋朝已经失去了天下，是依靠刘公才又得以延续，到如今已经将近二十年了；如今禅让给刘公，是我心甘情愿的。”于是将傅亮呈上来的草稿抄写在红纸上，作为正式诏书。

傅亮草拟禅位诏书并让晋恭帝抄写，作为正式诏书昭告天下。

甲子（十一日），晋恭帝让位，回到琅邪旧邸，百官叩拜辞别，秘书监徐广痛哭流涕，极其哀恸。

丁卯（十四日），宋王刘裕在南郊设坛，即帝位。典礼结束后，刘裕乘车从石头进入建康宫。徐广又痛哭流涕，十分悲伤，侍中谢晦对他说：“徐公这样做未免有点过分了吧！”徐广说：“您是宋朝的佐命大臣，我是晋室遗留下来的老臣，悲欢之情，本来就是各不相同的。”刘宋武帝刘裕登临太极殿，大赦天下，改年号为永初。刘裕宣布，犯罪的人中，凡是行为不道德，受过舆论抨击的，一律除去罪名，使他们改过自新。

【原文】

裴子野论曰：昔重华受终，四凶流放；武王克殷，顽民迁洛。天下之恶一也，乡论清议，除之，过矣！

奉晋恭帝为零陵王，优崇之礼，皆仿晋初故事，即宫于故秣陵县，使冠军将军刘遵考将兵防卫。降褚后为王妃。

追尊皇考为孝穆皇帝，皇妣赵氏为孝穆皇后；尊王太后萧氏为皇太后。上事萧太后素谨，及即位，春秋已高，每旦入朝太后，未尝失时刻。

诏晋氏封爵，当随运改，独置始兴、庐陵、始安、长沙、康乐五公，降爵为县公及县侯，以奉王导、谢安、温峤、陶侃、谢玄之祀，其宣力义熙、豫同艰难者，一仍本秩。

【注释】

皇妣：对亡母的敬称。

每旦：每天早上。

【译文】

裴子野评论说：以前虞舜接受国家大任时，曾经流放过四凶；武王讨伐殷商时，也曾经将顽劣的遗民迁到洛阳。天下的罪恶在任何时候都是相同的，但是刘裕将触犯众怒之人的罪名一概免除，确实是做得太过分了！

宋武帝封晋恭帝为零陵王；他对待晋室的优崇之礼，都仿照晋初优待魏室的先例，随即又在故秣陵县为晋恭帝兴建王宫，派冠军将军刘遵考率领军队防卫保护。将晋恭帝的皇后褚灵媛降为王妃。刘裕追尊他的父亲为孝穆皇帝，母亲赵氏为孝穆皇后；尊封他的继母王太后萧氏为皇太后。刘裕侍奉萧太后一向十分恭谨，等到即帝位后，虽然年事已高，每天早晨也一定入后宫给太后请安，从来没有错过时辰。

帝刘裕又下诏说，晋朝时封的爵位，应当随着朝代的更替而有所更改，于是他将过去封置的始兴公、庐陵公、始安公、长沙公、康乐公降爵为县公或是县侯，以便延续王导、谢安、温峤、陶侃、谢玄等人的祭祀香火，凡是当年与刘裕共同抗击过桓玄的人，仍然保持他们的爵位和俸禄不变。

元嘉之治

【原文】

元嘉三年（丙寅，公元426年）春，正月，谢晦弟黄门侍郎驰使告晦，晦犹谓不然，以傅亮书示咨议参军何承天曰；“外间所闻，咸谓西讨已定，幼宗岂有上理！”晦尚谓虚妄，使承天豫立答诏启草，言伐虏宜须明年。江夏内史程道惠得寻阳人书，言“朝廷将有大处分，其事已审”，使其辅国府中兵参军乐冏封以示晦。晦问承天曰：“若果尔，卿令我云何？”对曰：“蒙将军殊顾，常思报德。事变至矣，何敢隐情！然明日戒严，动用军法，区区所怀，惧不得尽。”晦惧曰：“卿岂欲我自裁邪？”承天曰：“尚未至此。以王者之重，举天下以攻一州，大小既殊，逆顺又异。境外求全，上计也。其次以腹心将兵屯义阳，将军自帅大众战于夏口；若败，即趋义阳以出北境，其次也。”晦良久曰：“荆州用武之地，兵粮易给，聊且决战，走复何晚！”乃使承天造立表檄，又与卫军咨议参军琅邪颜邵谋举兵，邵饮药而死。

【注释】

谢晦：字宣明，陈郡阳夏人，谢朗之孙，谢重之子，谢瞻之弟，南朝刘宋大臣。为刘裕太尉参军。宋国建立，为右卫将军，加侍中。刘裕受禅，迁中领军，以佐命功封江夏区公。宋少帝即位，加领中书令，不久与徐羡之、傅亮行废立，领护南蛮校尉荆州刺史。宋文帝即位，加使持节，寻进号卫将军，加散骑常侍。元嘉三年（公元426年），因前废杀少帝事不自安，举兵拒命，为檀道济所破，伏诛，时年三十七岁。驰使：速派使者。

傅亮：南朝宋大臣。字季友，北地灵州人，晋司隶校尉傅咸玄孙。桓玄篡位，选为秘书郎，未拜。少帝即位，进中书监尚书令，领护军将军，寻行废立。文帝即位，加散骑常侍、左光禄大夫，晋爵始兴郡公。元嘉三年伏诛。咨议参军何承天：何承天，南朝宋大臣、著名天文学家、无神论思想家。知识渊博，精天文律历和计算，对天文律历造诣颇深。咨议，旧时备顾问的幕僚。参军，参军事的简称，官职，起源于汉末。

咸：都。

“幼宗岂有上理”一句：万幼宗怎么会有到这里来的道理。万幼宗，外监。

虚妄：没有事实根据。这里指不着边际的事。

“乐冏封以示晦”一句：乐冏将信封好送给谢晦看。封，把信封好。

趋：奔赴。

【译文】

元嘉三年（丙寅，公元426年）春季，正月，谢晦的弟弟黄门侍郎谢，派专人骑马去警告谢晦，但是谢晦仍然认为还没有到这个地步，并拿出傅亮的信给谘议参军何承天看，说：“我估计万幼宗一两天内就会到达。傅亮是怕我招惹是非，所以先把这封信送过来。”何承天说：“我在外听到的，人们都说向西讨伐我们的计划已经制定了，万幼宗又怎么会到这里来呢！”谢晦仍然认为那是谣言，他命令何承天先行起草回答诏书的奏章，建议朝廷最好延期到明年再讨伐北魏。江夏内史程道惠接到一封从寻阳送来的信，信中说“朝廷将有大规模的行动，事情已经确定了”，程道惠派遣辅国府中兵参军乐冏将信封好后送给谢晦。谢晦问何承天道：“如果真有不测，你认为我应该怎么做呢？”何承天说：

“我蒙受将军的特殊照顾，经常想要报答您的恩惠。如今事情已经发生了变化，怎么敢隐瞒真实情况呢！然而，一旦明日下令戒严，动用军法制裁，我心中想要说的话，恐怕就不能够说尽了。”

谢晦惊恐地问道：“你难道是想让我自杀吗？”何承天说：“事情还没有到这个地步。以帝王的威严和全国的力量去攻打一个州，实力大小相差悬殊，民心的逆顺又十分不同。您到国外保全性命，这才是上策。其次，您派心腹将领驻军义阳，将军亲自率领大军与敌人在夏口作战；如果失败了，也可以取道义阳北上出境，这是中策。”谢晦沉默了很长时间才说：“荆州是兵家必争之地，兵力和粮草都容易供给，不妨先进行一场决战，打败了再逃跑也不晚啊！”于是，谢晦命令何承天撰写檄文；又与卫军机议参军琅邪人颜卲谋划起兵反抗，颜卲服毒自杀。谢晦命令何承天撰写檄文，又与诸将谋划起兵反抗之事。

【原文】

晦立幡戒严，谓司马庾登之曰：“今当自下，欲屈卿以三千人守城，备御刘粹。”登之曰：“下官亲老在都，又素无部众，情计二三，不敢受此旨。”晦仍问诸将佐：“战士三千足守城否？”南蛮司马周超对曰：“非徒守城而已，若有外寇，可以立功。”登之因曰：“超必能力，下官请解司马、南郡以授之。”晦即于坐命超为司马，领南义阳太守；转登之为长史，南郡如故。登之，蕴之孙也。

帝以王弘、檀道济始不预废弑之谋，弘弟昙首又为帝所亲委，事将发，密使报弘，且召道济，欲使讨晦。王华等皆以为不可，帝曰：“道济止于胁从，本非创谋。杀害之事，又所不关。吾抚而使之，必将无虑。”乙丑，道济至建康。

【注释】

立幡：竖起旗子。幡，指用竿子挑起来直着挂的长条形旗子。

庾登之：字元龙，颍川鄢陵人也。少以强济自立，初为晋会稽王道子太傅参军。以预讨桓玄功，封曲江区五等男。与谢晦同为曹氏婿。谢晦拒王师，欲使登之留守，登之不许，语在《晦传》。晦败，登之以无任免罪，禁锢还家。

“帝以王弘、檀道济始不预废弑之谋”一句：刘宋文帝认为王弘、檀道济在开始时未参与废立弑逆的阴谋。弑逆，废立弑逆。帝，即宋文帝刘义隆，南朝宋皇帝。宋武帝刘裕第三子。刘裕病死后，太子义符继位（即宋少帝），因其不亲政事，辅政的司空徐羡之、中书令傅亮、领军将军谢晦于景平二年（公元424年）五月废黜刘义符，迎立当时任荆州刺史的刘义隆为帝，改元元嘉。刘义隆不能容忍大臣擅行废立，元嘉三年杀徐羡之、傅亮、谢晦，从此政由己出。在位期间，提倡文化，整顿吏治，清理户籍，重视农业生产。在位三十多年中相对安定，旧史常称“元嘉之治”。后被太子刘劭所杀。王弘，南朝宋琅邪临沂（今山东临沂）人，曾祖王导，王珣子，元嘉九年（公元432年）进位太保。檀道济，南朝宋将领。身出寒门，从军二十余年，由士兵升至大将军。东晋末，从刘裕攻后秦，屡立战功，官至征南大将军。文帝以其前朝重臣，诸子皆善战，忌而杀之。檀道济戎马倥偬，战绩卓著，留有三十六计。

建康：今南京。

【译文】

谢晦竖起大旗，下令戒严，对司马庾登之说：“我现在打算亲自东下出征，打算委屈你率领三千人守卫江陵，防备刘粹。”庾登之说：“我的双亲年纪都大了，他们身在建康，而且我又从来没有过直属的部队，我经过慎重考虑，不敢接受这项命令。”谢晦又问其他的将领和佐臣："三千战士足够守城吗？"南蛮司马周超回答说："三千战士不仅足够守城，如果有外敌入侵，还可以建立战功。"庾登之于是说："周超一定可以胜任，我请求解除司马和南郡太守两个职务转授给他。"谢晦立即就在座位上任命周超为司马，兼领南义阳郡太守。改庾登之为长史，仍然担任南郡太守。庾登之是庾蕴的孙子。

宋文帝认为王弘、檀道济在开始时没有参与废弑刘义真、刘义符的阴谋，王弘的弟弟王昙首又被宋文帝所亲近信任，在开始行动之前，刘义隆秘密派人告诉王弘，并且召见檀道济，打算派他去讨伐谢晦。王华等大臣都认为不能这样做，刘义隆说："檀道济当初只是受到胁迫才随从徐羡之等行事的，原本就不是他主动提出的，谋杀的事情，更与他没有关系；我安抚并且任用他，不必有其他的顾虑。"乙丑（十五日），檀道济到达建康。

【原文】

丙寅，下诏暴羡之、亮、晦杀营阳、庐陵王之罪，命有司诛之，且曰：“晦据有上流，或不即罪，朕当亲帅六师为其过防。可遣中领军到彦之即日电发，征北将军檀道济骆驿继路，符卫军府州，以时收翦，已命雍州刺史刘粹等断其走伏。罪止元凶，余无所问。”是日，诏召羡之、亮。羡之行至西明门外，谢正直，遣报亮云：“殿内有异处分。”亮辞以嫂病暂还，遣信报羡之，羡之还西州，乘内人问讯车出郭，步走至新林，入陶灶中自经死。亮乘车出郭门，乘马奔兄迪墓，屯骑校尉郭泓收之。至广莫门，上遣中书舍人以诏书示亮，并谓曰：“以公江陵之诚，当使诸子无恙。”亮读诏书讫，曰：“亮受先帝布衣之眷，遂蒙顾托。黜昏立明，社稷之计也。欲加之罪，其无辞乎！”于是诛亮而徙其妻子于建安；诛羡之二子，而宥其兄子佩之。诛晦子世休，收系谢。

【注释】

暴：显露。羡之、亮、晦杀营阳、庐陵王之罪：指南朝宋景平二年（公元424年），谢晦与司空徐羡之、尚书令傅亮合谋行废立，并弑宋少帝刘义符，杀庐陵王刘义真，立宜都王刘义隆为帝一事。

晦据有上流：立刘义隆为帝，三位大臣为了制约朝廷，谢晦率领三万精兵出镇江陵（地处长江上游），以便和朝廷中枢徐羡之、傅亮相呼应。

骆驿：连续不断。骆，通“络”；驿，古同“绎”。

走伏：指逃匿之路。

处分：决策，措施。

内人：宫廷内的人。

自经：上吊自杀。

讫：完毕。《说文》：讫，止也。

布衣：平民。

黜昏立明：废黜昏君，迎立明主。黜，废除。

“欲加之罪，其无辞乎”一句：表示坏人诬陷好人时，无端捏造罪名，还说得振振有词。

《左传·僖公十年》：“不有废也，君何以兴？欲加之罪，其无辞乎？”其，语气，表示反问。

【译文】

丙寅（十六日），宋文帝下诏公布徐羡之、傅亮、谢晦杀害营阳王刘义符、庐陵王刘义真的罪状，并且命令有关部门逮捕诛杀他们，宋文帝还说：“谢晦据守长江上游，或许不会立即伏法，朕将亲自统率大军前往讨伐。可派遣中领军到彦之即日急速出发，征北将军檀道济陆续出发作为后继，符卫军府及荆州官属，应当及时逮捕并诛杀谢晦，已经命令雍州刺史刘粹等切断谢晦逃跑或潜伏的道路。罪犯只限于谢晦一个人，其他胁从者一概不加以追究。”这天，宋文帝下诏召见徐羡之、傅亮。徐羡之走到西明门外，谢正在当值，派人报告傅亮说：“殿内有异常的举动。”傅亮马上借口嫂嫂生病，暂时回家，派人通知徐羡之，徐羡之回到西城，乘坐宫廷内部人出差的车逃出建康城，步行到新林，进入一个烧陶器的窑里自缢身亡。傅亮乘车逃出建康城，又骑马逃到他的兄长傅迪的墓园，屯骑校尉郭泓逮捕了他。到广莫门的时候，宋文帝派中书舍人拿诏书给傅亮看，并且对他说：“因为你当初在江陵迎驾时，态度十分诚恳，所以饶恕你的儿子们不死。”傅亮读过诏书说：“我本来出身平民，承蒙先帝垂爱，所以承担了托孤的大任。废黜昏君，迎立明主，都是为了朝廷的百年大计

刘宋文帝杀傅亮，又逮捕诛杀谢晦的亲属。打算啊。

想要将罪过强加在我身上，难道还怕没有借口吗！”于是，傅亮被杀，他的妻子和儿女都被放逐到建安；

又诛杀了徐羡之的两个儿子，而饶恕了他的侄儿徐佩之。又诛杀了谢晦的儿子谢世休，逮捕了谢。

【原文】

帝将讨谢晦，问策于檀道济，对曰：“臣昔与晦同从北征，入关十策，晦有其九，才略明练，殆为少敌。然未尝孤军决胜，戎事恐非其长。臣悉晦智，晦悉臣勇。今奉王命以讨之，可未陈而擒也。”丁卯，征王弘为侍中、司徒、录尚书事、扬州刺史，以彭城王义康为都督荆、湘等八州诸军事、荆州刺史。

乐冏复遣使告谢晦以徐、傅及等已诛。晦先举羡之、亮哀，次发子弟凶问，既而自出射堂勒兵。晦从高祖征讨，指麾处分，莫不曲尽其宜，数日间，四远投集，得精兵三万人。乃奉表称羡之、亮等忠贞，横被冤酷。且言：“臣等若志欲执权，不专为国，初废营阳，陛下在远，武皇之子尚有童幼，拥以号令，谁敢非之？岂得溯流三千里，虚馆七旬，仰望鸾旗者哉？故庐陵王，于营阳之世积怨犯上，自贻非命。不有所废，将何以兴！耿弇不以贼遗君、父，臣亦何负于宋室邪！此皆王弘、王昙首、王华险遭猜忌，谗构成祸。今当举兵以除君侧之恶。”

【注释】

戎事：带兵打仗。

陈：同“阵”。

射堂：古时习射的场所。勒兵：指挥军队。

曲尽其宜：曲，细致；尽，全部；宜，妥当。全部都办理得很妥当。

执权：掌握权柄。

专：专一，一心一意。

虚馆：空着馆舍等待。谓礼贤。

鸾旗：天子仪仗中的旗子。上绣鸾鸟，故称。《汉书·贾捐之传》：“鸾旗在前，属车在后。”除君侧之恶：清除君主身边的小人、奸臣。

【译文】

宋文帝将要讨伐谢晦，他向檀道济询问计策，檀道济回答说："我当年与谢晦一同北伐，当时得以入关的十项计策，其中有九项是谢晦提出来的，谢晦才略精明老练，大概很少有敌手。但是他从来没有单独带领部队打过胜仗，军事恐怕不是他所擅长的。我非常了解谢晦的才智，谢晦也了解我的勇敢。如今我奉皇上的命令去讨伐他，可以在他还没有摆开阵势时就将他擒获。"丁卯（十七日），宋文帝召见王弘，任命他为侍中、司徒、录尚书事、扬州刺史，任命彭城王刘义康为都督荆湘等八州诸军事、荆州刺史。辅国府中兵参军乐冏，再次派人报告谢晦，说徐羡之、傅亮、谢等都已经被杀了。于是，谢晦先为徐羡之、傅亮举行祭礼，接着又为弟弟和儿子发布死讯，然后亲自走出虎帐统率军队。谢晦当年随宋武帝南征北讨，发号施令，指挥调动，没有不切实妥当的，几天的时间里，人们就从四面八方来投奔谢晦，很快就聚集了精兵三万人。于是，谢晦上表盛赞徐羡之、傅亮等都是忠贞之臣，却受到了横暴的冤杀。谢晦又说："我们这些人如果想长久地把握国家大权，不一心一意为朝廷着想，当初在废黜营阳王时，陛下还远在荆州，武皇帝的儿子中还有幼童，谢晦很快就聚集了精兵三万，以清君侧的名义起兵反叛。

我们完全可以拥戴小皇帝，向天下发号施令，谁敢出来反对呢？又怎么会逆流而上三千里，让皇位空虚七十多天，去迎接陛下的鸾旗呢？已故的庐陵王刘义真，当营阳王在位的时候，他就曾经积聚怨恨，冒犯皇上，是他自己死于非命。没有废黜，怎么能够有兴起呢？耿弇不曾把贼寇遗留给君王、父亲，我又哪里辜负了宋家皇室呢？这都是因为王弘、王昙首、王华一伙阴险、狂暴，他们多次进行猜忌和挑拨离间，因此才造成了现在的灾祸。如今，我要发动大军，为陛下清除身边的邪恶之徒。”

【原文】

谢晦自江陵东下，何承天留府不从。晦至江口，到彦之已至彭城洲。庾登之据巴陵，畏懦不敢进；会霖雨连日，参军刘和之曰：“彼此共有雨耳；檀征北寻至，东军方强，唯宜速战。”登之恇怯，使小将陈祐作大囊，贮茅悬于帆樯，云可以焚舰，用火宜须晴，以缓战期。

晦然之，停军十五日。乃使中兵参军孔延秀攻将军萧欣于彭城洲，破之。又攻洲口栅，陷之。诸将咸欲退还夏口，到彦之不可。乃保隐圻。晦又上表自讼，且自矜其捷，曰：“陛下若枭四凶于庙庭，悬三监于降阙，臣便勒众旋旗，还保所任。”

【注释】

畏懦：胆怯软弱。

会霖雨：正赶上连绵大雨。

恇：害怕；惊恐，恐惧。

帆樯：船桅，桅杆。

隐圻：在彭城洲东北。

自矜其捷：谢晦夸耀自己旗开得胜。

“陛下若枭四凶于庙庭，悬三监于降阙”一句：枭，把头割下来悬挂在木上；四凶，是指传说中由中国上古时代的舜帝流放到四方的四个凶神（四凶在《尚书》和《左传》中均有记载）；庙庭，指宗庙或庙宇的前殿；周武王灭商后，以商旧都封给纣子武庚，并以殷都以东为卫，由武王弟管叔监之；殷都以西为墉，由武王弟蔡叔监之，殷都以北为邶，由武王弟霍叔监之；总称三监。阙，皇帝居处，借指朝廷。这句意思说，陛下如果把“四凶”在庙庭斩首，把“三监”的人头悬挂在宫墙上。

【译文】

谢晦从江陵东下，何承天留守江陵没有随从。谢晦到达西江口，到彦之的军队已经到达彭城洲。庚登之据守巴陵，畏缩怯懦不敢前进，当时正赶上大雨连绵，下了好几天也没有停，参军刘和之说：“我们与敌人都遇到了大雨；征北将军檀道济的大军不久就要到了，官军实力正强，我们应该速战速决。”庚登之仍旧是畏惧不敢战，命令手下的小军官陈祐制造了一个大口袋，装满茅草悬挂在桅杆上，声称可以用来焚毁敌人的战舰。用火攻必须等到天晴，他用这个办法来延缓会战的日期。谢晦同意了庚登之的做法，逗留了十五日。然后才派中兵参军孔延秀进攻驻守在彭城洲的将军萧欣，大败萧欣的军队。又进攻彭城洲口官军的营垒阵地，又大败官军。官军各将领都想撤退据守夏口，到彦之反对他们的建议，于是退保隐圻。谢晦又上疏为自己辩护，并且十分骄傲地倚仗自己在军事上取得的胜利，他说："陛下如果在庙庭把'四凶'斩首，把'三监'的人头悬挂在宫墙上，我就率领军队回转旌旗，返回保卫我的任所。"

【原文】

初，晦与徐羡之、傅亮为自全之计，以为晦据上流，而檀道济镇广陵，各有强兵，足以制朝廷；羡之、亮居中秉权，可得持久。及闻道济率众来上，惶惧无计。道济既至，与到彦之军合，牵舰缘岸。晦始见舰数不多，轻之，不即出战。至晚，因风帆上，前后连咽；西人离沮，无复斗心，戊辰，台军至，忌置洲尾，列舰过江，晦军一时皆溃。晦夜出，投巴陵，得小船还江陵。

【注释】

制：挟制。

居中秉权：在朝廷担任要职掌握大权。

及闻：等到听说了。

合：会合。

西人离沮：谢晦的军队涣散。离沮，分崩离析，涣散。

【译文】

当初，谢晦与徐羡之、傅亮为了保全自己定下了计策：用谢晦把守长江上游，命令檀道济镇守广陵，使他们各自拥有强兵，足以挟制朝廷；徐羡之、傅亮在朝中担任要职、掌握大权，可以维持长久的安定。等到谢晦听说檀道济率领军队来攻打自己，十分惶恐，束手无策。檀道济的军队一到隐圻，立即与到彦之的军队汇合，战舰沿岸停泊。谢晦开始时看见战舰不多，就没有放在心上，也不马上发动攻击。到了晚上，因为东风大起，官军船舰的帆篷满张，陆续抵达，前后相连；谢晦军队的士气涣散，军心沮丧，不再有斗志。戊辰（十九日），官军舰队挺进到忌置洲尾，战舰排列着渡过长江，谢晦的军队一触即溃。谢晦在夜里逃走，投奔巴陵，找到一艘小船回到江陵。

【原文】

夏，五月乙未，以檀道济为征南大将军、开府仪同三司、江州刺史，到彦之为南豫州刺史。遣散骑常侍袁渝等十六人分行诸州郡县，观察吏政，访求民隐；又使郡县各言损益。丙午，上临延贤堂听讼，自是每岁三讯。左仆射王敬弘，性恬淡，有重名；关署文案，初不省读。尝预听讼，上问以疑狱，敬弘不对。上变色，问左右："何故不以讯牒副仆射？"敬弘曰："臣乃得讯牒读之，正自不解。"上甚不悦，虽加礼敬，不复以时务及之。

【注释】

开府仪同三司：官名。"开府"意为建公府，自选僚属。"仪同三司"意为非三公官而得享受三公的礼遇。三公（司徒、司寇、司空）官名都有"司"字，故称三司。

民隐：民众的痛苦。《国语·周语上》："先王非务武也，勤恤民隐而除其害也。"

损益：本义指增减、盈亏。这里指郡县的行政得失。

三讯：三次。

讯牒：审问的笔录。

【译文】

夏季，五月乙未（十七日），宋文帝任命檀道济为征南大将军、开府仪同三司、刘宋文帝刘义隆任命檀道济为征南大将军。

江州刺史，任命到彦之为南豫州刺史。又派遣散骑常侍袁渝等十六人分别巡察各州郡县，考察官员的政绩，访求民间无处申诉的疾苦；宋文帝又命郡县上疏奏报当地的行政得失。丙午（二十八日），宋文帝亲自到延贤堂听取诉讼，从此以后，宋文帝每年来三次。

左仆射王敬弘，性情恬然，甘于淡泊，声名显著；可是在核定文稿时，他从来不事先审阅。

他曾经随同宋文帝听取民间诉讼，宋文帝用一件有疑问的案件询问王敬弘，王敬弘回答不上来。宋文帝脸色大变，问左右侍臣道："你们为什么不将案卷的副本送给左仆射？"王敬弘回答说："我已经看到了案卷的副本，但是我没有看懂。"宋文帝非常不高兴，虽然仍然对他加以礼敬，却不再与他讨论国家大事了。

【原文】

六月，以右卫将军王华为中护军，待中如故。华以王弘辅政，王昙首为上所亲任，与己相埒，自谓力用不尽，每叹息曰："宰相顿有数人，天下何由得治！"是时，宰相无常官，唯人主所与议论政事、委以机密者，皆宰相也，故华有是言。亦有任侍中而不为宰相者；然尚书令、仆，中书监、令，侍中，侍郎，给事中，皆当时要官也。华与刘湛、王昙首、殷景仁俱为侍中，风力局干，冠冕一时。上尝与四人于合殿宴饮，甚悦。既罢出，上目送良久，叹曰："此四贤，一时之秀，同管喉唇，恐后世难继也。"

黄门侍郎谢弘微与华等皆上所重，当时号曰五臣。弘微，琰之从孙也。精神端审，时然后言，婢仆之前不妄语笑，由是尊卑大小，敬之若神。从叔混特重之，常曰："微子异不伤物，同不害正，吾无间然。"

【注释】

相埒：相等。

顿有数人：一时之间多达数人。

尚书令、仆，中书监、令，侍中，侍郎，给事中：都是官职名。中书监，中国古代官制，三国魏始置。

风力局干：风力，指文辞的风格与笔力；局干，度量和才干。《宋书·殷景仁传》："四人并时为侍中，俱居门下，皆以风力局干，冠冕一时。"

冠冕一时：犹言体面，光彩。比喻受人拥戴或出人头地。《北史·寇洛等传论》："冠冕之盛，当时莫与比焉。"

目逐：目送。

吾无间然：我找不到非议他的地方。无间然：间，罅隙。这里指可以非议的对象。《论语》泰伯：

子曰："禹，吾无间然矣。菲饮食，而致孝乎鬼神；恶衣服，而致美乎黻冕；卑宫室，而尽力乎沟洫。禹，吾无间然矣。"

【译文】

六月，宋文帝任命右卫将军王华为中护军，同时仍兼任侍中。王华认为司徒王弘是辅助文帝的大臣，侍中王昙首又被皇上信任，他们的地位与自己相当，因此，王华认为自己的才能无法得以完全施展，他经常叹息道："朝中宰相，一时之间多达数人，天下怎么能够治理啊！"当时，朝廷中没有固定的宰相，只要谁与皇帝讨论国家大事，就将国家机要大事交给谁办，谁就是宰相，所以王华才有这种言论。当时也有任侍中的职务而不是宰相的人；然而，尚书令、仆射、中书监、中书令、侍中、侍郎、给事中等，都是当时重要的官职。

【原文】

上欲封王昙首、王华等，拊御床曰："此坐非卿兄弟，无复今日。"因出封诏以示之。昙首固辞曰："近日之事，赖陛下英明，罪人斯得。臣等岂可因国之灾以为身幸！"上乃止。诏殿中将军吉恒聘于魏。燕太子永卒，立次子翼为太子。秦王炽磐伐河西，至廉川，遣太子暮末等步骑三万攻西安，不克，又攻番禾。河西王蒙逊发兵御之，且遣使说夏主，使乘虚袭枹罕。夏主遣征南大将军呼卢古将骑二万攻苑川，车骑大将军韦伐将骑三万攻南安。炽磐闻之，引归。九月，徙其境内老弱、畜产于浇河及莫河仍寒川，留左丞相昙达守枹罕。韦伐攻拔南安，获秦州刺史翟爽、南安太守李亮。

吐谷浑握逵等帅部众二万落叛秦，奔昴川，附于吐谷浑王慕。

大旱，蝗。

【注释】

拊：抚摸。

炽磐：十六国时期西秦国君主，乞伏乾归长子。

【译文】

宋文帝打算封王昙首、王华等人爵位，他抚摸着御座说："这个宝座，如果不是你们，我今天就不可能坐上。"于是，宋文帝就拿出封爵的诏书给他们看。王昙首坚决辞让说："近来发生的事，都是依赖陛下的英明决断，使罪人得到应有的惩罚，我们怎么可以因为国家的灾难而让自己得到好处呢！"宋文帝这才作罢。

宋文帝下诏，派遣殿中将军吉恒出使北魏。北燕太子冯永去世，文成帝冯跋封次子冯翼为太子。西秦王乞伏炽磐讨伐北凉，大军抵达廉川，乞伏炽磐派太子乞伏暮末等率领步、骑兵共三万人，进攻西安，没有攻下，于是又转攻番禾。北凉河西王沮渠蒙逊发兵抵御，同时又派遣使者出使夏国游说，请夏国国主赫连昌乘西秦国内空虚之际，袭击枹罕。夏国国主赫连昌派遣征南大将军呼卢古率领两万骑兵进攻西秦的苑川，派遣车骑大将军韦伐率领三万骑兵进攻南安。

西秦国王乞伏炽磐听到这个消息后，立即从北凉撤军回国。九月，乞伏炽磐把境内的老弱妇孺和家畜，集中迁徙到浇河郡和莫河的仍寒川，同时命令左丞相乞伏昙达留守京师枹罕。夏国的车骑大将军韦伐率领大军攻陷了南安城，生擒了西秦秦州刺史翟爽和南安太守李亮。

隶属西秦的吐谷浑部落酋长慕容握逵，率领所属的两万多个部落背叛西秦，逃往昴川，归附了吐谷浑可汗慕容慕。

天下大旱，发生了蝗灾。

【原文】

左光禄大夫范泰上表曰：“妇人有三从之义，无自专之道。谢晦妇女犹在尚方，唯陛下留意。”有诏原之。

秦左丞相昙达与夏呼卢古战于嵻山，昙达兵败。十一月，呼卢古、韦伐进攻枹罕。秦王炽磐迁保定连。呼卢古人南城，镇京将军赵寿生率死士三百人力战，却之。呼卢古、韦伐又攻沙州刺史出连虔于湟河，虔遣后将军乞伏万年击败之。又攻西平，执安西将军库洛干，坑战士五千余人，掠民二万余户而去。仇池氐杨兴平求内附。梁、南秦二州刺史吉翰遣始平太守庞谘据武兴。氐王杨玄遣其弟难当将兵拒谘，谘击走之。

【注释】

三从之义：旧礼教认为妇女应该做到在家从父，出嫁从夫，夫死从子，谓之“三从”。《仪礼·丧服》："妇人有三从之义，无专用之道，故未嫁从父，既嫁从夫，夫死从子。"

自专之道：一任己意的地方。

仇池：西晋王朝倾覆之际出现在氐族故地（约今陇南、陕南、川北交界处）的以氐族为主体的地方性割据政权。在十六国时期，为建国自雄的氐族三政权之一；进入南北朝后，又历事宋、齐、梁及北魏各朝，对南北朝政局亦有一定的影响。

【译文】

刘宋左光禄大夫范泰上疏说："女子有三从的大义，却没有自作主张的道理。如今谢晦家的妇女仍然被羁押在尚方作坊里做苦工，恳请陛下考虑一下。"于是，宋文帝下诏赦免了她们。西秦左丞相乞伏昙达与夏国的征南大将军呼卢古在嵻山会战，乞伏昙达兵败。十一月，呼卢古与韦伐合兵进攻西秦都城枹罕。

西秦王乞伏炽磐迁都保卫定连。夏国大将呼卢古攻入枹罕南城，西秦镇京将军赵寿生率领敢三百死士奋力抵抗，击退了呼卢古。呼卢古、韦伐又攻打沙州刺史出连虔据守的湟河，出连虔派后将军乞伏万年击退了他们的进攻。呼卢古、韦伐又率军进攻西平，俘获了西秦的安西将军库洛干，活埋了西秦战士五千多人，掠走两万多户居民，然后班师回国。仇池氐族部落酋长杨兴平请求归附刘宋朝廷。刘宋梁州、南秦州二州刺史吉翰派遣始平太守庞谘进军占据武兴。氐王杨玄派他的弟弟杨难当人马顿对阻击庞谘，被庞谘击退而后逃走。

【原文】

元嘉四年（丁卯，公元427年）春，正月辛巳，帝祀南郊。乙卯，帝如丹徒；己巳，谒京陵。初，高祖既贵，命藏微时耕具以示子孙。帝至故宫见之，有惭色。或进曰："大舜躬耕历山，伯禹亲事水土。陛下不睹遗物，安知先帝之至德，稼穑之艰难乎！”丁亥，帝还建康。庚戌，以廷尉王徽之为交州刺史，征前刺史杜弘文。弘文有疾，自舆就路；或劝之待病愈，弘文曰：“吾杖节三世，常欲投躯帝庭，况被征乎！”遂行，卒于广州。弘文，慧度之子也。

【注释】

丹徒：位于今江苏省西南部，镇江市附近。

耕具：农具。

太舜躬耕历山：相传上古舜帝为民时，曾躬耕于历山之下，因称舜耕山。

伯禹亲事水土：《砥柱铭》记载：“大哉伯禹，水土是职。挂冠莫顾，过门不息。让德夔龙，推动益稷。栉风沐雨，卑宫菲食。汤汤方割，襄陵伊始……”上古时代水患严重，给民众造成很大危害。尧选鲧子禹领导治水，即有名的大禹治水。

稼穑：农事的总称。春耕为稼，秋收为穑，即播种与收获，泛指农业劳动。

自舆：亲自准备车上路。舆，车。

杖节：执持旄节。古代帝王授予将帅兵权或遣使四方，给旄节以为凭信。后多以谓执掌兵权或镇守一方。

常欲投躯帝庭：时常想到京城。常，时常、经常。投躯，舍身、到。帝庭，宫廷、朝廷。

征：招请。

【译文】

元嘉四年（丁卯，公元427年）春季，正月辛巳（初七），宋文帝前往都城建康南郊祭祀天神。

乙卯（十一日），宋文帝前往丹徒；己巳（二十五日），宋文帝拜谒京陵。最初，宋武帝在富贵之后，命令将他幼年贫穷微贱时耕田用的农具收藏起来，以展示给后代的子孙。宋文帝到达故宫，看到那些耕具后，感到十分惭愧。他身边有侍臣进言说：“大舜曾亲自在历山耕田种地，大禹曾经亲自治理水土。陛下不看到这些遗物，怎么能够知道先帝崇高的仁德，又怎么知道耕种的艰难呢！”

丁亥（十四日），宋文帝返回建康。

庚戌（初七），宋文帝任命廷尉王徽之为交州刺史，征召前任交州刺史杜弘文回京。当时杜弘文患有重病，接到命令后，他亲自备车上路；有人劝告他等病痊愈了再上路，杜弘文说：“我家祖孙三代镇守边关，平时就渴望到京城去，何况今日皇帝又征召我前往呢！”于是，杜弘文带病上路，走到广州就去世了。杜弘文是杜慧度的儿子。

【原文】

又以抚将军江夏王义恭为都督荆、湘等八州诸军事、荆州刺史，以待中刘湛为南蛮校尉，行府州事。帝与义恭书，诫之曰："天下艰难，家国事重，虽曰守成，实亦未易。隆替安危，在吾曹耳，岂可不敢寻王业，大惧负荷！"汝性褊急，志之所滞，其欲必行，意所不存，从物回改。此最弊事，宜念裁抑。

卫表遇士大夫以礼，与小人有恩；西门、安于，矫性齐美；关羽、张飞，任偏同弊。行己举事，深宜鉴此！"若事异今日，嗣子幼蒙，司徒当周公之事，汝不可不尽祗顺之理。尔时天下安危，决汝二人耳。"汝一月自用钱不可过三十万，若能省此，益美。西楚府舍，略所谙究，计当不须改作，日求新异。凡讯狱多决当时，难可逆虑，此实为难。至讯日，虚怀博尽，慎无以喜怒加人。能择善者而从之，美自归已；不可专意自决，以矜独断之明也！"名器深宜慎惜，不可妄以假人。昵近爵赐，尤应裁量。吾于左右虽为少恩，如闻外论不以为非也。"以贵凌物，物不服；以威加人，人不厌；此易达事耳。"声乐嬉游，不宜令过；蒲酒渔猎，一切勿为。供用奉身，皆有节度，奇服异器，不宜兴长。“又宜数引见佐史。相见不数，则彼我不亲；不亲，无因得尽人情；人情不尽，复何由知众事也！”

【注释】

帝与义恭书：宋文帝写信给刘义恭。义恭，即刘义恭，南朝宋武帝刘裕第五子，文帝的弟弟。

隆替：盛衰，兴衰。

吾曹：我辈，我们。

褊急：气量狭小，性情急躁。

志之所滞，其欲必行：心里想什么，就不顾一切地去做。滞，指牵挂。

意所不存，从物回改：心里并没有愿望，只是受外界引诱产生了欲望。从物，指追求物质享受或功名富贵。回改，翻悔、改口。

弊事：有害的事，坏事。

宜念裁抑：应当时常提醒自己遏止这些。裁抑，制止、遏止。

卫表遇士大夫以礼，与小人有恩：卫青对士大大礼貌周到，不轻视低贱人士。卫青，西汉大司马大将军，与士卒同甘苦，威信很高。

西门、安于，矫性齐美：西门豹和董安于改正自己不好的习性都得到了好名声。西门，指西门豹，据《韩非子·观行》记载，西门豹知道自己平时脾气比较急躁，易动肝火，就找了一根柔软而富有韧性的熟皮带佩在腰间，时时提醒自己欲速则不达，遇事应缓而静思，克服性子急躁的毛病。安于，指董安于，春秋时晋国人，晋国大夫赵孟的家臣。据《韩非子·观行》记载，董安于性情太和缓，就佩带弓弦，促使自己性急。矫性：改正习性。

关羽、张飞，任偏同弊：关羽、张飞，二人的性格任性偏激，都有同样的毛病。

司徒：指刘义康。周公之事：相传西周初年，世风浇薄，婚俗混乱。辅佐天子执政的周公为整饬民风，亲自制礼教民。

祇顺：敬顺。

尔时：到那个时候。

“决汝二人耳”一句：就全取决于你们二人了。指刘义恭和刘义康。

益美：更好。益，更加。

讯狱：问案治狱。

慎：谨慎。

慎惜：谨慎珍惜。

妄以假人：随便赏给他人。妄，胡乱；假，授予。

“以贵凌物，物不服；以威加人，人不厌；此易事耳”一句：凭权势欺凌他人，人不服；用威望来统辖别人，别人便不会满意；这是显而易见的。凌，欺凌。服悦服。物，指自己以外的人。

兴长：提倡，助长。

【译文】

宋文帝又任命抚军将军、江夏王刘义恭为都督荆湘等八州诸军事、荆州刺史，任命侍中刘湛为南蛮校尉，代理府州政务。宋文帝给刘义恭写信，告诫他说："天下时事十分艰难，家事国事关系重大，虽然说是继承并保住已有的基业，实际上却并不容易。国家的兴隆更替、安定危覆都在我们身上，怎么可以不感到王业艰难而寻求治国之道，从而对自己肩负的重任感到惶恐不安呢！

"你的性情急躁偏激，心中想什么，就不顾一切地去做；有时你的心里并没有某些愿望，只是受外界引诱而产生欲望。这是最容易招致祸端的，你应当时常提醒自己，尽力克制。卫青对待士大夫礼貌谦恭，对小人也有恩惠；西门豹性情刚直急躁，常佩带熟皮带，董安于性情宽容，做事缓慢，常佩带弓弦，他们都是为了警示自己，以此来矫正自己的性情，因此他们的美名一齐得到了后世的传颂。关羽、张飞却不是这样，他们二人的性格都任性偏激，各趋极端。你待己处事，要深刻体会古人的行为，以此作为自己的借鉴啊！

“倘若有一天朝中发生不测，我的儿子年纪还小，身为司徒的刘义康必定要担负起周公的责任，你也不可不尽到恭敬辅助的道义。到那时，国家的安危就都取决于你们二人了。

“你每月的私人开支不能超过三十万，倘若还能再节省些，那就更好了。荆州的府舍，我大概了解了一些，估计还不用重新改建，去追求什么新异。凡是讯案断狱，大多要当时裁决，很难事先就考虑周全，这的确是一件很不容易的事。在审讯时，你一定要虚心听取各方面的陈述，千万要谨慎，不可以把自己的喜怒强加于人。平时做事，能选择好的并且坚持下去，自己就会获得好的声誉。千万不可以一意孤行，以此来炫耀自己的独断和英明啊！

“名分一定要谨慎珍惜，不可以随便赏给别人；对亲近的人封赐爵位，更应当谨慎考虑定夺。我对于身边的人，虽然很少有特别的恩惠，但是如果听到外面有人议论我，我也并不认为他们说得不对。

“凭权势欺凌别人，别人就不会信服；用威望统辖别人，别人就不会满意，这是非常明显的事。

“声色犬马、嬉戏游乐都不能过分。饮酒赌博、捕鱼狩猎，这一切都不要去做。日常用品、衣服饮食，都应当有节制。至于新奇的服饰和器物，不应鼓励制作。

“你还应该多接见府中的官员。召见的次数少了，就会彼此不亲近；彼此不亲近，你就没有办法知道官员们的感情；不了解他们的感情，又从哪里知道民间的具体情况呢！”

【原文】

辛酉，以长沙王义欣为豫州刺史，镇寿阳。寿阳土荒民散，城郭颓败，盗贼公行。义欣随意经理，境内安业，道不拾遗，城府完实，遂为盛籓。芍陂久废，义欣修治堤防，引河水入陂，溉田万余顷，无复旱灾。

【注释】

公行：公开抢劫。

随意经理：根据具体情况采取措施。经理，治理。

盛籓：强盛的藩镇。

【译文】

辛酉（初九），宋文帝任命长沙王刘义欣为豫州刺史，镇守寿阳。寿阳土地荒芜，百姓流散，城垣破旧坍塌，盗贼公开作案。刘义欣根据具体情况，采取适当措施治理寿阳，使得寿阳境内的百姓安居乐业，路不拾遗，城池坚固，粮仓充实，于是成为强盛的藩镇势力。芍陂也早已经破旧了，刘义欣修整治理堤防，引肥河水入陂，灌溉农田一万多顷，从此没有再出现过旱灾。

【原文】

武德九年（丙戌，公元626年）丙午，上与群臣论止盗。或请重法以禁之，上哂之曰：“民之所以为盗者，由赋繁役重，官吏贪求，饥寒切身，故不暇顾廉耻耳。朕当去奢省费，轻徭薄赋，选用廉吏，使民衣食有余，则自不为盗，安用重法邪！”自是数年之后，海内升平，路不拾遗，外户不闭，商旅野宿焉。上又尝谓侍臣曰：“君依于国，国依于民。刻民以奉君，犹割肉以充腹，腹饱而身毙，君富而国亡。故人君之患，不自外来，常由身出。夫欲盛则费广，费广则赋重，赋重则民愁，民愁则国危，国危则君丧矣。朕常以此思之，故不敢纵欲也。”唐太宗李世民和群臣讨论如何平息盗贼。

【注释】

哂：嘲笑。

野宿：露宿。

【译文】

武德九年（丙戌，公元626年）丙午（二十一日），唐太宗李世民和群臣讨论如何平息盗贼。有人请求设严格的法令来禁止，太宗微微笑了笑说：“百姓之所以成为盗贼，是因为赋役繁重，官吏贪污求贿，民众饥寒交集，所以才不顾廉耻了。朕应当绝弃奢侈浪费，轻徭薄赋，任用清廉的官员，让百姓衣食有余，他们就不会做盗贼了，何必用严刑重法呢！”自此过了几年后，天下太平，路不拾遗，外面的大门都不用关闭，商旅之人可以在荒郊野外露宿。太宗又曾经对身边的大臣说：“君主依靠国家，国家依仗百姓。欺压百姓来侍奉君主，就像割肉用来充饥一样，肚子饱了人却死了，君主富有了国家却要灭亡了。因此人君最担心的，不是外患，而是国家内部出现问题。欲望多了花费就大，花费大了赋税就重，赋税重则百姓愁苦，百姓愁苦则国家就危险了，国家危险君主也就难以自保了。朕经常思考这些，所以不敢放纵自己的欲望。”

唐 纪

贞观治道

【原文】

上厉尽求治，数引魏徵入卧内，访以得失。徵知无不言，上皆欣然嘉纳。上遣使点兵，封德彝奏："中男虽未十八，其躯干壮大者，亦可并点。"上从之。敕出，魏徵固执以为不可，不肯署敕，至于数四。上怒，召而让之曰："中男壮大者，乃奸民诈妄以避征役，取之何害，而卿固执至此！"对曰："夫兵在御之得其道，不在众多。陛下取其壮健，以道御之，足以无敌于天下，何必多取细弱以增虚数乎！且陛下每云：'吾以诚信御天下，欲使臣民皆无欺诈。'今即位未几，失信者数矣！"上愕然曰："朕何为失信？"对曰："陛下初即位，下诏云：'逋负官物，悉令蠲免。'有司以为负秦府国司者，非官物，征督如故。陛下以秦王升为天子，国司之物，非官物而何！又曰：‘关中免二年租调，关外给复一年。’既而继有敕云：‘已役已输者，以来年为始。’散还之后，方复更征，百姓固已不能无怪。今既征得物，复点为兵，何谓以来年为始乎！又陛下所与共治天下者在于守宰，居常简阅，咸以委之，至于点兵，独疑其诈，岂所谓以诚信为治乎！”上悦曰：“向者朕以卿固执，疑卿不达政事，今卿论国家大体，诚尽其精要。夫号令不信，则民不知所从，天下何由而治乎！朕过深矣！”乃不点中男，赐徵金瓮一。

【注释】

厉尽求治：振奋精神，力图治理好国家。

魏徵：贞观名臣，以敢于进谏闻名。

中男：未成丁的男子。

逋负：拖欠，欠税。

蠲免：免除。

给复：免除赋税徭役。

瓮：一种口小腹大的陶制容器。

【译文】

太宗励精图治，多次将魏徵带入卧室，询问他施政的得失。魏徵知无不言，太宗都欣然采纳。太宗派人征兵，封德彝奏道："未成丁的男子虽然未满十八，但是其中身材健壮的也可以征募。"太宗同意了。敕令传出后，魏徵坚持认为不可，不肯签署，以致往返四次。太宗发怒，召见魏徵责问道："未成丁的男子中身材壮大的，都是狡猾的百姓虚报年龄欺骗官府，妄图用这种方法逃避征役，征募这些人又有什么害处，而你却这么固执己见！"魏徵答道："军队在于统领得法，而不在人数众多。陛下征发成丁男子中身体健壮的，用合适的方法带领，便足以无敌于天下，又何必多征尚未成丁的男子以增加虚数呢！何况陛下经常说：'我以诚信治理天下，欲使臣下百姓都没有欺诈行为。'如今陛下即位没多久，却已经失信好几次了！”太宗吃惊地问道：“朕怎么失信了？”魏徵答道：“陛下刚即位时，就下诏说：‘百姓所欠朝廷的赋税，全部免除。’有关部门认为欠秦王府库租税的，不属于官家财物，照旧征收。陛下从秦王升为天子，秦王府库之物不是朝廷之物又是什么呢！又下诏：‘关中免二年租调，关外免一年的赋税徭役。’不久又有敕令说：‘当年已经征发徭役和已经交纳赋税的，从第二年开始。’把百姓上交的赋税散还以后，又再征收，这样百姓不能没有责怪之意。如今已经征收赋役，还指派中男为兵，还谈什么从下一年开始免除呢！还有，辅佐陛下共同治理天下的都是这些地方官员，各方面要接受陛下的监督，日常公务陛下都交托给他们，可是到了征兵的时候，却怀疑他们欺骗，这难道是以诚信为治国之道吗！”太宗高兴地说：“以前朕觉得你固执，怀疑你不通达政务，如今见你议论国家大政方针，确实是说到了它的精要。朝廷政令没有诚信，则百姓不知道应当遵行什么，国家如何能得到治理呢！朕的过失很严重啊！”于是不再征募未成丁的男子，赏赐魏徵一件金瓮。

【原文】

上闻景州录事参军张玄素名，召见，问以政道，对曰：“隋主好自专庶务，不任群臣。群臣恐惧，唯知禀受奉行而已，莫之敢违。以一人之智决天下之务，借使得失相半，乖谬已多，下谀上蔽，不亡何待！陛下诚能谨择群臣而分任以事，高拱穆清而考其成败以施刑赏，何忧不治！又，臣观隋末乱离，其欲争天下者不过十余人而已，其余皆保乡党、全妻子，以待有道而归之耳。乃知百姓好乱者亦鲜，但人主不能安之耳。”上善其言，擢为侍御史。

【注释】

景州：今河北衡水。录事参军：官名，刺史属官，掌管文书，纠察府事。

高拱：两手相抱，高抬于胸前。穆清：太平祥和。

侍御史：官名，唐代属于御史台官员，举劾非法，督察郡县。

【译文】

太宗听说了景州录事参军张玄素的名声，召见他，向他询问为政之道，张玄素答道："隋朝皇帝喜欢自己把持所有事务，不委任给群臣。群臣内心恐惧，只知道奉命加以执行，没有敢违抗的。以一人的智慧决定天下事，即使能够做到得失参半，乖谬失误之处已经很多了，加上君主被下面阿谀奉承所蒙蔽，国家不灭亡还等什么！陛下如果能够谨慎地选择群臣，让他们各司其职，自己安坐在朝廷上，清和静穆，考查臣下的成败而施以刑法或者赏赐，如果能够这样，还担心国家治理不好吗！而且，我留心到隋末乱世，其中想要争夺天下的不过十余人，其余大部分都想保全乡里和妻子儿女，等待有道的君主出现而诚心归附。于是知道百姓很少有人喜欢乱世的，只不过君主不能使他们安定罢了。”太宗欣赏他的言论，提拔他为侍御史。

【原文】

上令封德彝举贤，久无所举。上诘之，对曰：“非不尽心，但于今未有奇才耳！”上曰：“君子用人如器，各取所长，古之致治者，岂借才于异代乎？正患己不能知，安可诬一世之人！”德彝惭而退。

御史大夫杜淹奏“诸司文案恐有稽失，请令御史就司检校”。上以问封德彝，对曰：“设官分职，各有所司。果有愆违，御史自应纠举；若遍历诸司，搜擿疵颣，太为烦碎。”淹默然。上问淹：“何故不复论执？”对曰：“天下之务，当尽至公，善则从之，德彝所言，真得大体，臣诚心服，不敢遂非。”上悦曰：“公等各能如是，朕复何忧！”

【注释】

稽失：延误，贻误。

愆违：过失。

擿：挑出。疵颣：缺点，毛病。

【译文】

太宗让封德彝推荐贤才，过了很久也没有人选。太宗质问他是怎么回事，封德彝回答说：“不是臣不尽心，只是如今没有杰出的人才！”太宗说：“君子用人如用器物，各取其长处，古代国家达到大治的，难道依靠的是从别的时代借来的人才吗？应当忧虑自己不能识别人才，怎么能冤枉天下所有的人呢！”封德彝惭愧地退下了。御史大夫杜淹上奏道：“各部门文件案宗恐有稽延错漏，请求下令让御史到各部门检查核对。”太宗问封德彝，封德彝回答道：“设立不同的官职，各有分工。如果各部门真的有过失，御史自当纠察检举；如果让御史查遍各部门，搜擿出各种毛病，实在是太烦琐。”杜淹沉默不语。太宗问杜淹：“为什么不加争辩呢？”杜淹答道：“处理天下事务，应当尽心尽力，务求公正，听到好的意见就要接受，德彝讲的话深得大体，臣心悦诚服，不敢有所非议。”太宗很高兴，说：“各位如果都能做到这样，朕还有什么忧虑的呢！”

【原文】

初，隋末丧乱，豪桀并起，拥众据地，自相雄长。唐兴，相帅来归，上皇为之割置州县以宠禄之，由是州县之数，倍于开皇、大业之间。上以民少吏多，思革其弊。二月，命大加并省，因山川形便，分为十道：一曰关内，二曰河南，三曰河东，四曰河北，五曰山南，六曰陇右，七曰淮南，八曰江南，九曰剑南，十曰岭南。

【注释】

道：行政区域单位，相当于省。

关内：古雍州之地。

河南：古兖豫青徐四州之地。

河东：古冀州之地。

河北：“河北”在唐代以前是个约定俗成的地域泛称，指太行山以东，黄河下游以北的广大地区，包括今河北省及其相邻地区。这里说的河北道是“河北”成为大政区名称的开始。

山南：古荆梁二州之地。

陇右：古雍梁二州之地。

淮南：古扬州之地。

江南：古苏州之地。

剑南：古梁州之地。

岭南：古荆州之地。

【译文】

起初，隋朝末年天下大乱，英雄豪杰蜂拥而起，拥兵占据地盘，各自称雄一方。唐兴起后，各路豪杰相继归附，高祖为他们分置州县，施以恩宠，由于这一原因导致州县的数目大大超过隋朝开皇、大业年间。太宗认为官多民少，想革除这一弊端。二月，下令对这些州县大力合并，依山川地势条件，将全国分为十个区域单位：一关内，二河南，三河东，四河北，五山南，六陇右，七淮南，八江南，九剑南，十岭南。

【原文】

有上书请去佞臣者，上问："佞臣为谁？"对曰："臣居草泽，不能的知其人，愿陛下与群臣言，或阳怒以试之。彼执理不屈者，直臣也；畏威顺旨者，佞臣也。”上曰：“君，源也；臣，流也。浊其源而求其流之清，不可得矣。君自为诈，何以责臣下之直乎！朕方以至诚治天下，见前世帝王好以权谲小数接其臣下者，常窃耻之。卿策虽善，朕不取也。”

【注释】

草泽：边野荒地，泛指社会下层。

的：准确。

权谲：狡诈。接：接触。

【译文】

有大臣上书给唐太宗请求去除奸佞的人，太宗问上书的人：“奸佞小人是谁？”上书者回答说：“臣下居住在边荒野地，不能准确地知道谁是奸佞小人，希望陛下和大臣们说，或者佯装大怒来测试大臣们。那些坚持真理不肯屈服的人，是正直的大臣；那些害怕权势顺从旨意的大臣，便是奸佞之人。”太宗说：“君主，是水的源头；臣子，是水的支流。源泉浑浊而要求水流清澈，是不可能的。君主自己都做欺诈的事，怎么能要求臣子们的行为正直呢！朕正用诚信来治理天下，看到以前的帝王喜欢用狡诈的伎俩来对待臣下，私下常常认为这是可耻的。你所说的方法虽然很好，朕不能采纳啊。”

【原文】

上问公卿以享国久长之策，萧瑀言：“三代封建而久长，秦孤立而速亡。”上以为然，于是始有封建之议。

【译文】

太宗向公卿大臣询问使国运长久的办法，萧瑀说：“夏、商、周分封诸侯而统治时间长久，秦国孤立专制便迅速灭亡了。”太宗认为有道理，于是有了分封诸侯王的想法。

【原文】

上神采英毅，群臣进见者，皆失举措。上知之，每见人奏事，必假以辞色，冀闻规谏。

尝谓公卿曰："人欲自见其形，必资明镜；君欲自知其过，必待忠臣。苟其君愎谏自贤，其臣阿谀顺旨，君既失国，臣岂能独全！如虞世基等谄事炀帝以保富贵，炀帝既弑，世基等亦诛。公辈宜用此为戒，事有得失，无毋尽言！"

【注释】

假以辞色：对别人和颜悦色。

冀：希望，期望。

愎谏自贤：对别人的劝告态度不诚恳，刚愎自用，认为只有自己才最聪明正确。

谄事：逢迎

侍奉。虞世基：隋炀帝重臣。

弑：君王被臣下所杀。

【译文】

太宗神情、风采英武刚毅，进见的人看到他时，都手足失措。太宗知道后，每每见人上朝奏事，都对他们和颜悦色，希望听到大臣的规谏之言。太宗曾经对公卿说："人要想看见自己的样子，一定要借助于镜子；君主想要知道自己的过失，就一定要善待忠正耿直的大臣。如果君王刚愎自用，认为只有自己才最聪明正确，不听劝告，大臣阿谀逢迎，这样君主就会失去国家，君主亡了国，大臣又岂能独自保全！就像虞世基等人逢迎侍奉隋炀帝以此来保全自身的富贵，隋炀帝被杀以后，虞世基等人也被处死。各位应当把这些当作前车之鉴，处事总有得失，你们要把听到想到的话都说出来。"

【原文】

上谓公卿曰："昔禹凿山治水而民无谤讟者，与人同利故也。秦始皇营宫室而人怨叛者，病人以利己故也。夫靡丽珍奇，固人之所欲，若纵之不已，则危亡立至。朕欲营一殿，材用已具，鉴秦而止。王公已下，宜体朕此意。"由是二十年间，风欲素朴，衣无锦绣，公私富给。

【注释】

病：损害，祸害。

靡丽：华丽。

【译文】

太宗对公卿说："从前大禹凿山治水而百姓没有怨言，是因为大禹治水的事是与民利益攸关的缘故。秦始皇营造宫室而百姓怨声载道、图谋反叛，是因为秦始皇损害老百姓的利益以利他自己的缘故。华丽的奇珍异宝，本是每个人都想得到的，假如放纵自己不知适可而止，那么国家的危亡立刻就到了。朕想要建造一个宫殿，材料费用已经齐备，有鉴于秦的灭亡，建造宫殿的事便停止了。亲王公卿以下，应当体会朕的这个想法。”从此二十年间，民风更加质朴淳厚，穿的衣服不用锦绣，官府与百姓都很富足。

【原文】

上谓黄门侍郎王珪曰：“国家本置中书、门下以相检察，中书诏敕或有差失，则门下当行驳正。人心所见，互有不同，苟论难往来，务求至当，舍己从人，亦复何伤！比来或护己之短，遂成怨隙，或苟避私怨，知非不正，顺一人之颜情，为兆民之深患，此乃亡国之政也。炀帝之世，内外庶官，务相顺从。当是之时，皆自谓有智，祸不及身。及天下大乱，家国两亡，虽其间万一有得免者，亦为时论所贬，终古不磨。卿曹各当徇公忘私，勿雷同也！”

【注释】

中书：古代文官官职名。中书省、门下省都是三省六部制中的一省，负责执行国家的重要政令。

避：防止；私怨，私人之间的怨恨。

颜情：情面。

【译文】

太宗对黄门侍郎王珪说：“朝中本来设置中书省、门下省，是用来相互监督检察，中书省起草诏令制敕如有差误，门下省当予以纠驳指正。每个人的见解都各有不同，如果往来辩论，务求准确恰当，放弃个人见解从善如流，又有什么不好呢！近来有的人对自己的短处不能正确处理，于是产生仇怨隔阂，有的人为了避免私人之间的怨恨，明明知道其所作所为错误却也不加指正，顺从顾及某个人的情面，造成万民的灾患，这是亡国的政治。隋炀帝在位时，内外官吏都相互顺从。在那个时候，都自认为有智慧，祸患殃及不到自身。等到天下大乱，家庭与国家俱亡，虽然这中间偶然有得以幸免的，也要被舆论所针砭，永远难以磨灭。你们每个人都应徇公忘私，不要犯同样的错误！”

【原文】

上谓侍臣曰：“吾闻西域贾胡得美珠，剖身以藏之，有诸？”侍臣曰：“有之。”上曰：“人皆知彼之爱珠而不爱其身也。吏受赇抵法，与帝王徇奢欲而亡国者，何以异于彼胡之可笑邪！”魏徵曰：“昔鲁哀公谓孔子曰：‘人有好忘者，徙宅而忘其妻。’孔子曰：‘又有甚者，桀、纣乃忘其身。’亦犹是也。”上曰：“然。朕与公辈宜戮力相辅，庶免为人所笑也！”

【注释】

贾胡：胡商。

【译文】

太宗对亲近的大臣说："我听说西域有一个胡族的商人得到一颗宝珠，割开身上的肉来藏这颗宝珠，有这么回事吗？"大臣答道："有这么回事。"太宗说："人们都知道这个人爱珍珠而不爱惜自己的身体。有些官吏受贿贪赃受刑，帝王追求奢华而招致国家灭亡，这些与胡族商人的可笑有什么区别呢！"魏徵说："从前鲁哀公对孔子说：'有的人非常健忘，搬家而忘记自己的妻子。'孔子说：'还有比这严重的，夏桀、商纣均贪恋身外之物而忘记了自己的身体。'也是像这样啊。"太宗说："对。朕与你们应当同心合力，相互辅助，以免被后人耻笑！"

【原文】

上谓房玄龄曰："官在得人，不在员多。"命玄龄并省，留文武总六百四十三员。

【注释】

得人：得到德才兼备的人，用人得当。

【译文】

太宗对房玄龄说："任用官吏最重要的是用人得当，而不在于人多。"命房玄龄裁减合并官职，只留下文武官员总计六百四十三人。

【原文】

上问魏徵曰："人主何为而明，何为而暗？"对曰："兼听则明，偏信则暗。昔尧清问下民，故有苗之恶得以上闻；舜明四目，达四聪，故共、鲧、兜不能蔽也。秦二世偏信赵高，以成望夷之祸；梁武帝偏信朱异，以取台城之辱；隋炀帝偏信虞世基，以致彭城阁之变。是故人君兼听广纳，则贵臣不得拥蔽，而下情得以上通也。”上曰：“善！”

【注释】

人主：君主。明：明辨是非。暗：昏庸糊涂。

有苗：古部落名。

明四目，达四聪：《书·舜典》：“明四目，达四聪。”眼睛明亮，耳朵灵敏。形容力图透彻了解。

共、鲧、兜：共，指上古传说中的共工；鲧，古人名，传说是夏禹的父亲，禹之父曰鲧；兜，又作讙兜或头，是中国古代传说中的三苗族首领，传说因为与共工、鲧一起作乱，而被舜流放至崇山。均为劣臣。蔽：遮，挡，蒙蔽。

望夷：秦代官名。

梁武帝：即萧衍，南朝梁的建立者。朱异：中国南朝梁时代人臣，颇受梁武帝信任。史家批评他贪腐奸诈，是梁朝衰落的原因之一。

台城：城名。梁武帝因受贿在这里被下臣侮辱。

虞世基：隋朝大臣。陈时任太子中舍人、尚书左丞。隋时为通直郎、直内史省、内史舍人，受炀帝器重，专典机密，参掌朝政。隋大业八年（公元612年），从炀帝出征高句丽，以功进金紫光禄大夫。后数次劝谏均不纳，又见大臣相继诛戮，惧祸及己，遂唯诺取容，不敢逆帝，为时人所讥。十四年，宇文化及于江都兵变，杀隋炀帝，他也一同被杀。

彭城阁：隋炀帝被杀于扬州彭城阁。

广纳：广泛地采纳（建议）。贵臣，宦官。拥蔽，堵塞、遮掩。拥：堵塞。

上通：反映上来。

【译文】

太宗问魏徵："君主怎样做叫明，怎样做叫暗？"魏徵回答说："能广泛听取各方面的意见，就是明，偏听偏信，就是暗。从前尧帝明晰地向下面民众了解情况，所以才能知道有苗的恶行；舜帝耳听四面，眼观八方，所以共工、鲧、兜都不能蒙蔽他。秦二世偏信赵高，导致在望夷宫被赵高所杀；梁武帝偏信朱异，招致台城下臣的羞辱；隋炀帝偏信虞世基，死于扬州的彭城阁兵变。所以人君善于听取各方面意见，则亲贵大臣就无法阻塞言路，下面的情况得以反映上来。"太宗说："好啊！"

【原文】

上谓黄门侍郎王珪曰："开皇十四年大旱，隋文帝不许赈给，而令百姓就食山东，比至末年，天下储积可供五十年。炀帝恃其富饶，侈心无厌，卒亡天下。但使仓廪之积足以备凶年，其余何用哉！”

【注释】

黄门侍郎：又称黄门郎，秦代初置，即给事于宫门之内的郎官，是皇帝近侍之臣，可传达诏令，汉代以降沿用此官职。秦汉时，宫门多油漆成黄色，故称黄门。东汉始设为专官，或称之给事黄门侍郎。隋唐时，黄门侍郎隶属门下省，成为门下省的副官，唐玄宗天宝元年（公元742年）改称门下侍郎。

【译文】

太宗对黄门侍郎王珪说：“隋朝开皇十四年天下大旱，隋文帝不准赈济百姓，而让百姓自己到关东地区寻找食物，等到了隋文帝末年，全国储备的粮食可供五十年食用。隋炀帝依仗着富足的粮食，奢侈无度，最后导致国家灭亡了。只要使仓库中的粮食足以应对灾年就可以了，多余的又有何用呢！”

【原文】

二月，上谓侍臣曰：“人言天子至尊，无所畏惮。朕则不然，上畏皇天之监临，下惮群臣之瞻仰，兢兢业业，犹恐不合天意，未副人望。”魏徵曰：“此诚致治之要，愿陛下慎终如始，则善矣。”

【注释】

至尊：最尊贵，最崇高。

监临：监督。《史记·张耳陈余列传》：“且夫监临天下诸将，不为王不可，愿将军立为楚王也。”

瞻仰：仰望，恭敬地看。

【译文】

二月，太宗对亲近的大臣说：“人们都说君主最尊贵，最崇高，行事无所顾忌。然而朕并不是这样，上怕皇天的监督，下惧群臣的仰望，兢兢业业，唯恐不符合上天的旨意，不能满足百姓的期望。”魏徵说：“这的确是达到治世的要旨，希望陛下能慎终就像开始时那样，那就好了。”

【原文】

上谓房玄龄等曰：“为政莫若至公。昔诸葛亮窜廖立、李严于南夷，亮卒而立、严皆悲泣，有死者，非至公能如是乎！又高颎为隋相，公平识治体，隋之兴亡，系颎之存没。朕既慕前世之明君，卿等不可不法前世之贤相也！”

【注释】

廖立：三国时期人物，荆楚良才，蜀汉大臣，后因诽谤先帝刘备，疵毁众臣，被废立为民，最后得知诸葛亮死讯时，廖立郁郁而终。李严：三国时期蜀汉重臣，与诸葛亮同为刘备临终前的托孤之臣。公元231年，蜀军北伐时，李严延误押运粮草，为推卸责任而谎报军情，使诸葛亮不得不退兵，因而获罪，被废为平民。公元234年，诸葛亮病逝，李严得知这个消息，认为以后再也不会有人能够起用自己了，因此心怀激愤而死。

【译文】

太宗对房玄龄等人说："处理政务没有比大公无私更重要的了。以前诸葛亮流放廖立、李严到南夷之地，诸葛亮死的时候，廖立悲痛万分，李严哀伤而死，如果不是人公无私能这样吗！再如高颎为隋朝丞相，公正无私，颇识治国之本，隋朝的兴亡，与高颎的生死休戚相关。朕既然仰慕前代的明君，你们也不可不效法历史上的贤相啊！”

【原文】

上谓侍臣曰：“古语有之：‘赦者小人之幸，君子之不幸。’‘一岁再赦，善人喑哑。’夫养稂莠者害嘉谷，赦有罪者贼良民，故朕即位以来，不欲数赦，恐小人恃之轻犯宪章故也！”

【注释】

一岁再赦：一年之中再次赦罪。指赦免过滥。

稂莠：稂和莠，都是形状像禾苗而妨害禾苗生长的杂草。古以粟（小米）为嘉谷，后为五谷的总称。

【译文】

太宗对亲近的大臣说："古语说道：'宽赦是小人的幸事，是君子的不幸。''一年中两次大赦，善良的人都会哑口不言。'养杂草则对好谷子有害，宽赦有罪的人则使善良的百姓遭殃，所以自从朕即位以来，不想屡次发布赦令，唯恐小人靠着赦令而不顾忌法令轻易犯罪！"

【原文】

上曰："为朕养民者，唯在都督、刺史，朕常疏其名于屏风，坐卧观之，得其在官善恶之迹，皆注于名下，以备黜陟。县令尤为亲民，不可不择。"乃命内外五品以上，各举堪为县令者，以名闻。

【注释】

黜陟：官吏的升降。

【原文】

丁巳，上谓房玄龄、杜如晦曰：“公为仆射，当广求贤人，随才授任，此宰相之职也。比闻听受词讼，日不暇给，安能助朕求贤乎！”因敕“尚书细务属左右丞，唯大事应奏者，乃关仆射”。

【注释】

词讼：诉讼的言辞。

左右丞：尚书左右丞，为尚书令、仆射的助手，分别管理尚书省事，品秩与六部侍郎相等，为正四品。

【译文】

丁巳（十六日），太宗对房玄龄、杜如晦说：“你们身为仆射，应当广求天下贤才，根据他们的才能授予官职，这是宰相的职责。近来听说你们受理词讼案情，日不暇给，怎么能帮助朕求得贤才呢！”于是下令“尚书省的日常事务交给尚书左右丞掌管，只有应当奏明的大事，才由左右仆射处理”。

【原文】

玄龄明达政事，辅以文学，夙夜尽心，唯恐一物失所。用法宽平，闻人有善，若己有之，不以求备取人，不以己长格物。与杜如晦引拔士类，常如不及。至于台阁规模，皆二人所定。上每与玄龄谋事，必曰：“非如晦不能决。”及如晦至，卒用玄龄之策。盖玄龄善谋，如晦能断故也。二人深相得，同心殉国，故唐世称贤相者，推房、杜焉。玄龄虽蒙宠待，或以事被谴，辄累日诣朝堂，稽颡请罪，恐惧若无所容。

【注释】

夙夜：朝夕，日夜。指日夜从事。

相得：彼此投合。

殉国：为国家利益奉献。

稽颡：古代一种跪拜礼，

屈膝下拜，以额触地，表示极度的虔诚。

【译文】

房玄龄明敏通晓政务，又有文才，日夜尽心，唯恐一件事情处理不好有所失误。他用法宽大平和，听到别人的长处，就像他自己所有一样，待人不求全责备，不以自己的长处要求别人。与杜如晦一起引荐人才，常常不及杜如晦的样子。至于尚书省的制度程式，都由二人商议决定。太宗每次与房玄龄商议政事，一定要说："非杜如晦不能决定。"等到杜如晦来，最后总是采用房玄龄的建议。这是因为房玄龄善于谋略，杜如晦长于决断的缘故。二人相处彼此投合，同心为国出力，所以唐朝被称为贤相的，首推房、杜二人。房玄龄虽然多蒙太宗宠爱，有时因某件事受责备，总是一连数日到朝堂内，磕头请罪，惶恐敬畏得好像无地自容。

【译文】

太宗说："为朕养护百姓的，唯有都督、刺史这些地方官，朕常常将他们的名字写在屏风上，坐卧的时候都看得到，了解了他们在任上做的好事和坏事，都一一注于他们的名下，以此作为他们升迁和降职时的依据。县令尤其与百姓亲近，不可不认真选择。"

于是下令朝廷内外五品以上官员，各荐举能胜任县令职位的人，将名字奏报上来。

【原文】

乙丑，上问房玄龄、萧瑀曰："隋文帝何如主也？"对曰："文帝勤于为治，每临朝，或至日昃，五品以上，引坐论事，卫士传餐而食；虽性非仁厚，亦励精之主也。"上曰："公得其一，未知其二。文帝不明而喜察。不明则照有不通，喜察则多疑于物，事皆自决，不任群臣。天下至广，一日万机，虽复劳神苦形，岂能一一中理！郡臣既知主意，唯取决受成，虽有愆违，莫敢谏争，此所以二世而亡也。朕则不然。择天下贤才，寘之百官，使思天下之事，关由宰相，审熟便安，然后奏闻。有功则赏，有罪则刑，谁敢不竭心力以修职业，何忧天下之不治乎！"因敕百司："自今诏敕行下有未便者，皆应执奏，毋得阿从，不尽己意。"

【注释】

萧瑀：萧皇后的弟弟。萧瑀自幼以孝行闻名天下，且善学能书，骨鲠正直。被隋炀帝疏斥，唐朝时深得李渊信任。唐太宗继位，拜为尚书左仆射。由于性情骨鲠，有一次与大臣在太宗面前厉声愤争，因不敬罪被免官，而后很少再能进入太宗政事裁决的核心班子。

愆违：罪过，过失。

【译文】

乙丑（初二），太宗问房玄龄、萧瑀道：“隋文帝作为一代君主怎么样呢？”回答说：“隋文帝勤于治理朝政，每次监朝听政，有时要到日落西山的时候，五品以上的官员，围坐在一起商议朝政，卫士都要传递食物来吃饭；虽然品性不算仁厚，也可称为是励精图治的君主。”太宗说：“你们只知其一，不知其二。文帝不贤明却喜欢细致深刻地观察，不贤明则观察事情往往不能通达，喜欢细致深刻地观察事物往往对事物多有疑心，所有的事务都自行决定，不信任群臣。天下如此之大，日理万机，虽然一再伤身劳神处理政事，怎么能每一件事都切中要领！群臣已经知道隋文帝的意思，便只有按照他的意思办，即使主上出现过失，也没人敢争辩谏议，所以到了第二代隋朝就灭亡了。朕则不是这样。选拔天下贤能之士，分别充任文武百官，让他们思考国家大事，汇总到宰相那里，经过宰相深思熟虑后，然后上奏到朕这里。有功就奖赏，有罪就处罚，谁还敢不尽心竭力各司其职，何愁天下治理不好呢！”因而敕令各部门：“今后诏敕文书有不当之处，都应该执意禀奏，不要阿谀顺从，不充分发表自己的见解。”

【原文】

诸宰相侍宴，上谓王珪曰："卿识鉴精通，复善谈论，玄龄以下，卿宜悉加品藻，且自谓与数子何如？"对曰："孜孜奉国，知无不为，臣不如玄龄。才兼文武，出将入相，臣不如李靖。敷奏详明，出纳惟允，臣不如温彦博。处繁治剧，众务毕举，臣不如戴胄。耻君不及尧、舜，以谏争为己任，臣不如魏徵。至于激浊扬清，嫉恶好善，臣于数子，亦有微长。"上深以为然，众亦服其确论。

【注释】

识鉴：见识和鉴别人才。

品藻：评论。

孜孜：勤勉努力的样子。

敷奏：陈奏，向君上报告。

允：公平。

激浊扬清：冲去污水，让清水上来，比喻清除坏的，发扬好的。

【译文】

众位宰相陪太宗饮宴，太宗对王珪说："你精通鉴别人才，又善于言辞，房玄龄以下的官员，你要详细地加以品评，而且衡量一下自己与他们相比如何。"王珪答道："勤勉努力地为国出力，知道的没有不去做的，我不如房玄龄。文武全才，出将入相，我不如李靖。议事详尽周到，传达诏令，反映群臣意见，都平允恰当，我不如温彦博。将繁重的事务处理得井井有条，我不如戴胄。唯恐君王赶不上尧、舜，以进谏为己任，我不如魏徵。至于辨别清浊，嫉恶奖善，我与他们相比，是臣略有所长的地方。"太宗非常赞同，众人也钦佩他的说法。

【原文】

上之初即位也，尝与群臣语及教化，上曰：“今承大乱之后，恐斯民未易化也。”魏徵对曰：“不然。久安之民骄佚，骄佚则难教；经乱之民愁苦，愁苦则易化。譬犹饥者易为食，渴者易为饮也。”上深然之。封德彝非之曰：“三代以还，人渐浇讹，故秦任法律，汉杂霸道，盖欲化而不能，岂能之而不欲邪！魏徵书生，未识时务，若信其虚论，必败国家。”徵曰：“五帝、三王不易民而化，昔黄帝征蚩尤，颛顼诛九黎，汤放桀，武王伐纣，皆能身致太平，岂非承大乱之后邪！若谓古人淳朴，渐至浇讹，则至于今日，当悉化为鬼魅矣，人主安得而治之！”

上卒从徵言。

【注释】

骄佚：骄奢安逸。

三代：指夏、商、周三代。

浇讹：浮薄诈伪。

蚩尤：传说中的古代九黎族首领，与黄帝战于涿鹿，失败被杀。

颛顼诛九黎：传说中颛顼消灭南方的九黎族。颛顼，远古传说中的帝王，号高阳氏。

桀：夏朝最后一位君主，相传是个暴君。

【译文】

太宗刚刚即位的时候，曾经和群臣讨论教化，太宗说："如今刚经过一场大劫乱，我担心百姓不容易教化。"魏徵回答说："不是这样的。长久安定的百姓容易骄逸，骄逸则难以教化；经过战乱的百姓易于忧患，忧患倒容易接受教化。这如同饥饿的人容易吃得下食物，口渴了的人容易喝得下水一样。"太宗深表赞同。封德彝不同意这种观点，说道："夏、商、周三代以后，人心逐渐浮薄诈伪，所以秦朝专用法律，汉代除了采用王道的同时还同时加以霸道，都是因为想教化百姓而不能收效，哪里是有能力做却不想去做呢！魏徵一介书生，不识时务，如果相信他的空谈，必然败坏国家。”魏徵说：“五帝、三王不是换掉百姓而施教化，昔日黄帝征伐蚩尤，颛顼诛杀九黎，成汤放逐夏桀，武王伐纣，都能够亲身努力造就太平盛世，这些难道不是承接大乱之后的缘故吗！如果说上古人淳朴，后代渐渐变得浮薄奸诈，那么到了今天，人早就全部化为鬼魅了，人主哪里还有天下治理！”太宗最后接受了魏徵的意见。

【原文】

元年，关中饥，米斗值绢一匹。二年，天下蝗。三年，大水。上勤而抚之，民虽东西就食，未尝嗟怨。是岁，天下大稔，流散者咸归乡里，米斗不过三、四钱，终岁断死刑才二十九人。东至于海，南及五岭，皆外户不闭，行旅不赍粮，取给予道路焉。上谓长孙无忌曰：“贞观之初，上书者皆云：‘人主当独运威权，不可委之臣下。’又云：‘宜震耀威武，征讨四夷。’唯魏徵劝朕‘偃武修文，中国既安，四夷自服’。朕用其言。今颉利成擒，其酋长并带刀宿卫，部落皆袭衣冠，徵之力也，但恨不使封德彝见之耳！”徵再拜谢曰：“突厥破灭，海内康宁，皆陛下威德，臣何力焉！”上曰：“朕能任公，公能称所任，则其功岂独在朕乎！”

【注释】

就食：谓出外谋生。

嗟怨：嗟叹怨恨。

稔：庄稼成熟。

赍粮：携带干粮。

取给：取得物力或人力以供需用。

偃武修文：停止战备，提倡文教。偃，停息。

颉利成擒：唐大败突厥，俘虏了颉利可汗。

【译文】

贞观元年（公元627年），关中闹饥荒，一斗米值一匹绢。贞观二年（公元628年），全国遭受蝗灾。贞观三年（公元629年），发大水。太宗勤勉听政，抚慰百姓，百姓虽然东乞西讨，却不曾嗟叹怨恨。到了贞观四年（公元630年），天下丰收，流散在外的都回到了家乡，每斗米不过三四钱，一年内被判死刑的才二十九人。东面到大海，南面到五岭，治安好到外门不关，出外旅行可以不必携带干粮，在路上就可以得到需要的物品。太宗对长孙无忌说：“贞观初年，上书的大臣都说：‘君王应当独自运用权威，不能委任给臣下。’又说：‘应当炫耀武力，征讨四夷。’只有魏徵劝朕说‘停止战备，提倡文教，只要中原安定，四夷自然臣服’。朕采纳了他的意见。如今突厥颉利可汗成了俘虏，其部族首领成为朝廷的带刀宿卫，其族人都改穿我们的衣服，戴我们的帽子，这都是魏徵的功劳，只恨没能让封德彝见到这些啊！”魏徵再拜辞让说：“突厥灭亡，天下太平，都是陛下的威德，我又做了什么呢！”太宗说：“朕能够任用你，你能够胜任这一职位，那么天下太平的功劳岂是朕一个人的！”

安史之乱

【原文】

开元二十四年（丙子，公元736年）安禄山者，本营州杂胡，初名阿荦山。其母，巫也；父死，母携之再适突厥安延偃。会其部落破散，与延偃兄子思顺俱逃来，故冒姓安氏，名禄山。又有史窣干者，与禄山同里闬，先后一日生。及长，相亲爱，皆为互市牙郎，以骁勇闻。张守珪以禄山为捉生将，禄山每与数骑出，辄擒契丹数十人而返。狡猾，善揣人情，守珪爱之，养以为子。

【注释】

营州杂胡：营州，唐代州名，治所在柳城（今辽宁朝阳）。安禄山即营州柳城人。胡为古代匈奴的专称。魏晋南北朝时，北方大批外族入居黄河流域，当时除五部匈奴（南匈奴）仍称为胡外，其余如屠各、羯、卢水胡、稽胡等都称为杂胡。唐代往往把同匈奴和东胡有关或无关的北方少数民族如奚、霫、契丹等，都泛称为杂胡。

阿荦山：《新唐书·安禄山传》作“轧荦山”，谓：禄山本姓康，其母阿史德氏居突厥中，祈祷于胡人的斗战神轧荦山而生禄山，因名轧荦山，后从母改嫁突厥人安延偃，遂改姓安氏，改名禄山。

突厥：这里指东突厥。隋初突厥分裂为东、西二汗国。唐初，东突厥在漠南游牧，时侵唐境，太宗发兵进击，擒颉利可汗，东突厥遂内附唐朝。高宗、武后时，东突厥势力复强，迫使唐在北部边境设重兵防御，但也常与唐进行互市贸易。玄宗天宝三载（公元744年），东突厥被回纥所灭。

史窣干：即史思明的本名，后赐名为思明。

互市牙郎：牙郎，又称牙侩、驵侩，买卖交易的中介人。互市牙郎，即唐朝与突厥等族进行互市贸易时的中介人。

张守珪：唐陕州河北（今山西平陆东北）人。玄宗开元中，以边功迁瓜州都督，又累官至幽州长史、河北节度副大使，屡败契丹，甚为朝廷所重。

捉生将：唐代边镇主帅对部下能活俘敌人的骁将所加的称号。

契丹：古少数民族名，源出东胡，游牧于今辽河上游。本臣属于突厥，唐初脱离突厥降唐，太宗贞观末以其地置松漠都督府，以其君长为都督，后累世受唐封号。武周时叛唐自称可汗，侵扰唐境，玄宗开元初复降唐。

【译文】

开元二十四年（丙子，公元736年）安禄山本是营州地方的混血胡人，原名叫阿荦山。他的母亲是一个女巫；他父亲死后，母亲携带着他又嫁给了突厥人安延偃。正赶上突厥部落败散，他就与安延偃哥哥的儿子安思顺一起逃到幽州，于是冒姓安氏，名叫禄山。还有一个名叫史窣干的混血胡人，与安禄山原来是街坊邻居，两人生日相差一天。等长大后，二人成为朋友，都做了互市牙郎，以勇敢而闻名。张守珪任安禄山为捉生将，安禄山每次带领数名骑兵出去，总是能擒获数十名契丹人回来。再加上安禄山为人狡猾，善于揣摸人的心思，所以深受张守珪的喜爱，就把他认为养子。

【原文】

开元二十九年（辛巳，公元741年）平卢兵马使安禄山，倾巧，善事人，人多誉之。上左右至平卢者，禄山皆厚赂之，由是上益以为贤。御史中丞张利贞为河北采访使，至平卢，禄山曲事利贞，乃至左右皆有赂。利贞入奏，盛称禄山之美。八月乙未，以禄山为营州都督，充平卢军使，两蕃、渤海、黑水四府经略使。

【注释】

平卢兵马使：平卢，唐方镇名，玄宗开元七年（公元719年），为防御靺鞨、室韦等族，升平卢军使置，治所在营州（今辽宁朝阳），领平卢、卢龙二军及榆关守捉、安东都护府，屯辖营、平二州境，相当今河北滦河下游以东、辽宁大凌河以西地区。方镇长官称节度使，下属军的长官称军使，兵马使是军使下属的将领之一。唐代使职皆为差遣官的带职而非正式官称，无品秩，其官阶视差遣者的本官而定。

御史中丞张利贞为河北采访使：御史中丞，唐代御史台的副长官，位御史大夫之下。张利贞，两《唐书》无传，事迹不详。采访使，即采访处置使，玄宗开元二十二年（公元733年）改按察采访处置使置，每道设一人，常以宪官或谏官兼领，掌监察州县官吏，有时也兼考课地方官员之善恶。

两蕃、渤海、黑水四府经略使：唐称奚、契丹为两蕃。奚，原称库莫奚，匈奴别种，南北朝后游牧于饶乐水（今西拉木伦河）流域；唐太宗时于其地置饶乐都督府，武周后与契丹同叛唐；玄宗开元初复降唐，首领李大酺被封为饶乐郡王，尚唐公主。渤海，即渤海国，为靺鞨族一部粟末靺鞨所建，本居营州；武周时与奚、契丹同叛唐，其首领大祚荣自称震国王，开元初被封为渤海郡王。黑水，即靺鞨族另一部黑水靺鞨，居今松花江、黑龙江下游一带，唐时朝贡不绝，开元中于其地置黑水都督府，以其最大部落的首领为都督。经略使，唐代边防军事长官名称之一，玄宗时常以节度使或军使兼领。

【译文】

开元二十九年（辛巳，公元741年）平卢兵马使安禄山性格巧诈，善于讨人喜欢，所以人们都称誉他。唐玄宗身边的人到了平卢，安禄山都用重金收买他们，因此唐玄宗更加认为安禄山是贤能之士。御史中丞张利贞担任河北采访使，到了平卢，安禄山对张利贞刻意阿谀逢迎，以至张利贞身边的人都受到安禄山的贿赂。张利贞入朝上奏，极力夸耀安禄山。八月乙未（十七日），唐玄宗任命安禄山为营州都督，兼任平卢军使，两蕃、渤海、黑水四府经略使。

【原文】

天宝元年（壬午，公元742年）壬子，分平卢别为节度，以安禄山为节度使。三载（甲申，公元744年）三月己巳，以平卢节度使安禄山兼范阳节度使，以范阳节度使裴宽为户部尚书。礼部尚书席建侯为河北黜陟使，称禄山公直；李林甫、裴宽皆顺旨称其美。三人皆上所信任，由是禄山之宠益固不摇矣。

【注释】

节度使：官名。唐初沿北周及隋朝旧制，重要地区置总管统兵，旋改称都督，唯朔方仍称总管，边州别置经略使，有屯田州置营田使。唐代开始设立的地方军政长官。因受职之时，朝廷赐以旌节，故称。《资治通鉴》第二百一十卷《唐纪·二十六》记载：唐睿宗景云元年，丁酉，以幽州镇守经略节度大使薛讷为左武卫大将军兼幽州都督，节度使之名自讷始。景云二年，贺拔延嗣为凉州都督充河西节度使，节度使开始成为正式的官职。

三载：玄宗天宝三年（公元744年），改“年”为“载”；肃宗乾元元年（公元758年），复改

“载”为“年”。

范阳节度使：唐玄宗时所置边防十节度使之一。先天二年（公元713年），为防御奚、契丹和突厥而置幽州节度使，天宝元年（公元742年）改名范阳节度使，治所在幽州蓟县（今北京市西南），领辖幽、蓟、檀、妫、燕等州，约当今河北怀来、永清和北京市房山以东、长城以南地区。

裴宽：唐绛州闻喜（今山西闻喜）人。开元中历任河南尹、太原尹，天宝初任范阳节度使，为当地各族人所称道。后入京任户部尚书，兼御史大夫，为奸相李林甫所忌，屡遭贬斥。

席建侯：两《唐书》无传，事迹不详。黜陟使：唐使职名，太宗时始置，不常设。贞观时，曾派李靖等十三人为黜陟大使，巡行各地，褒贬赏罚官吏，寻访民间疾苦，赈济贫乏；玄宗时，亦时遣朝廷大员为黜陟使，出巡地方。

李林甫：出身于李唐宗室，玄宗朝著名奸相。开元中，任吏部侍郎，厚结武惠妃和宦官高力士，于开元二十二年（公元734年）以礼部尚书同中书门下三品入相，后阴谋排挤宰相张九龄、裴耀卿，得升中书令，封晋国公，专制朝政达十九年之久。在位期间，专权固位，谋废太子，逐杀大臣，闭塞言路，抑才忌贤，政治败坏。又善用阴谋，人称“口有蜜，腹有剑”。天宝十一载（公元752年），为外戚国忠所谮，忧疾而死，追削官爵，子孙远流，资财没官。

【译文】

天宝元年（壬午，公元742年）壬子（初六），唐玄宗分平卢另为节度镇，任命安禄山为节度使。

三载（甲申，公元744年）三月己巳（初五），唐玄宗任命平卢节度使安禄山兼任范阳节度使，任范阳节度使裴宽为户部尚书。礼部尚书席建侯为河北黜陟使，称赞安禄山公正无私；李林甫、裴宽都顺着皇上的意思称颂安禄山。席建侯、李林甫、裴宽这三个人都是唐玄宗所信任的大臣，由此安禄山愈加受到唐玄宗的宠信，其地位稳固不可动摇。

【原文】

六载（丁亥，公元747年）戊寅，以范阳、平卢节度使安禄山兼御史大夫。禄山体充肥，腹垂过膝，尝自称腹重三百斤。外若痴直，内实狡黠。常令其将刘骆谷留京师诇朝廷指趣，动静皆报之；或应有笺表者，骆谷即为代作通之。岁献俘虏、杂畜、奇禽、异兽、珍玩之物，不绝于路，郡县疲于递运。禄山在上前，应对敏给，杂以诙谐，上尝戏指其腹曰：“此胡腹中何所有？其大乃尔！”对曰：“更无余物，正有赤心耳！”上悦。

【注释】

诇朝廷指趣：诇，侦察、刺探。指趣，同“旨趣”，意图、意向。

敏给：同“敏捷”。

乃尔：如此。

【译文】

六载（丁亥，公元747年）戊寅，唐玄宗任命范阳、平卢节度使安禄山兼任御史大夫。

安禄山身体肥胖，大腹便便，过了膝盖，曾自称腹重三百斤。他外表看似老实憨厚，内心实际上狡猾诡诈。他经常命令他的部将刘骆谷留在京师，刺探朝廷的动向，朝廷的一举一动都得向他报告；如果有事应当向皇上奏表，刘骆谷就替他代写上奏唐玄宗。

安禄山每年都向朝廷献俘虏、杂畜、奇禽、异兽和珍宝玩物，一路不绝，沿途郡县都因转运这些东西而疲乏。安禄山在唐玄宗面前应对敏捷，常常夹杂着诙谐幽默的语言，唐玄宗曾经指着安禄山的肚子开玩笑说：“你这个胡人肚子里都有什么？竟如此大！”安禄山回答说：“臣下的肚子里没有其他东西，只有对陛下您的一片赤心！”唐玄宗听后十分高兴。

【原文】

又偿命见太子，禄山不拜。左右趣之拜，禄山拱立曰：“臣胡人，不习朝仪，不知太子者何

官？”上曰：“此储君也，朕千秋万岁后，代朕君汝者也。”禄山曰：“臣愚，向者唯知有陛下一人，不知乃更有储君。”不得已，然后拜。上以为信然，益爱之。上尝宴勤政楼，百官列坐楼下，独为禄山于御坐东间设金鸡障，置榻使坐其前，仍命卷帘以示荣宠。命杨铦、杨锜、贵妃三姊皆与禄山

叙兄弟。禄山得出入禁中，因请为贵妃儿。上与贵妃共坐，禄山先拜贵妃。上问何故，对曰："胡人先母而后父。"上悦。

【注释】

金鸡障：以金鸡羽毛装饰而成的屏风。

荣宠：指君王的恩宠。

杨铦、杨锜、贵妃三姊：贵妃，指唐玄宗的宠妃杨太真，小字玉环，天宝四载册立。杨铦、杨锜都是杨贵妃的从兄。贵妃三姊即天宝七载所赐封的韩国夫人、虢国夫人、秦国夫人。当时贵妃兄姊恩宠特甚，号称"诸杨"。

【译文】

唐玄宗又曾经让安禄山去见太子，安禄山见到太子不下拜。左右的人催促他下拜，安禄山却拱手站立说："臣下是胡人，不熟悉朝廷中的礼仪，不知道太子是什么官？”唐玄宗说：“这位太子就是将来的皇上，朕去世以后，代替朕作为君主统治你们的人就是他。”安禄山说：“臣下愚笨，过去只知有陛下您一人，不知还有太子。”没有办法，说完后拜见了太子。玄宗相信安禄山说的这些话更加宠爱他。唐玄宗曾经在勤政楼上设宴，百官都坐在楼下，单独为安禄山在自己座位的东边设置了用金鸡羽毛装饰而成的障子，还设置了床榻，让安禄山坐在床榻前面，并命令卷起帘子以示恩宠。又命令杨铦、杨锜和杨贵妃姐妹三人都与安禄山叙兄弟之情。安禄山得以自由出入宫中，便乘机上奏请求做杨贵妃的儿子。唐玄宗与杨贵妃一起坐着，安禄山先拜杨贵妃。唐玄宗问他这是为什么，安禄山回答说：“我们胡人的习惯是先母而后父。”玄宗听后十分高兴。

【原文】

李林甫以王忠嗣功名日盛，恐其入相，忌之。安禄山潜蓄异志，托以御寇，筑雄武城，大贮兵器，请忠嗣助役，因欲留其兵。忠嗣先期而往，不见禄山而还，数上言禄山必反，林甫益恶之。

【注释】

王忠嗣：唐华州郑县（今陕西华县）人。本名训，开元初，其父王海宾战死吐蕃，玄宗为其改名，养于宫中。及长，以战功累官至河西、陇右节度使，兼领朔方、河东节度使。唐名将哥舒翰、李光弼等都出其部下。后因与太子李亨友善，为李林甫所构陷，当死，哥舒翰请以官爵代为赎罪，才免死贬为汉阳太守。

【译文】

李林甫因为王忠嗣功绩名声一天比一天高，恐怕他入朝担任宰相，就忌恨他。安禄山暗中蓄谋反叛，假称要抵御外族入侵，修筑雄武城，大量储备武器。又请求王忠嗣率领部下来帮助筑城，打算乘机将他的兵马留下。王忠嗣先期前往雄武，没有见到安禄山就回去了，多次上言说安禄山一定会反叛，李林甫更加忌恨王忠嗣。

【原文】

自唐兴以来，边帅皆用忠厚名臣，不久任，不遥领，不兼统，功名著者，往往入为宰相。其四夷之将，虽才略如阿史那社尔、契苾何力犹不专大将之任，皆以大臣为使以制之。及开元中，天子有吞四夷之志，为边将者十余年不易，始久任矣；

皇子则庆、忠诸王，宰相则萧嵩、牛仙客，始遥领矣；盖嘉运、王忠嗣专制数道，始兼统矣。李林甫欲杜边帅入相之路，以胡人不知书，乃奏言："文臣为将，怯当矢石，不若用寒畯胡人；胡人则勇决习战，寒族则孤立无党，陛下诚以恩洽其心，彼必能为朝廷尽死。"上悦其言，始用安禄山。至是，诸道节度使尽用胡人，精兵咸戍北边，天下之势偏重，卒使禄山倾覆天下，皆出于林甫专宠固位之谋也。

【注释】

遥领：谓只担任职名不亲往任职。

功名著者，往往入为宰相：《通鉴》曰："如李靖、李、刘仁轨、娄师德之类是也。开元以来，薛讷、郭元振、张嘉贞、王晙、张说、杜暹、萧嵩、李适之等，亦皆自边帅入相。"

阿史那社尔：本为突厥处罗可汗次子，曾取得半国，自号都布可汗；贞观十年因被薛延陀、西突厥所败，降唐，累官至交河道行军总管、昆山道行军总管。

盖嘉运：曾任碛西节度使，生擒突骑施可汗吐火仙、黑姓可汗尔微。次年，玄宗嘉其功，任为河西、陇右节度使，专事经略吐蕃。

【译文】

从唐朝建立以来，边防将帅用的都是忠厚名臣，不让久任，不让在朝中只担任职名不亲往任职，不让同时兼任数职，功名显著的常常入朝为宰相。那些四方少数民族的将领，虽然才略像阿史那社尔、契苾何力那样的名将，仍然不让他们单独为一方大将，都任命朝中大臣为使职位辖制他们。到了开元年间，天子有吞并周边的想法，为此为边将的人十多年都不换，边将开始久任了；皇子中则有庆王、忠王等人，宰相中则有萧嵩、牛仙客等人，开始遥领边将之职；盖嘉运与王忠嗣等一人统领数道之兵，开始兼任数职统领军队了。李林甫想要杜绝边将入朝为宰相的路，以胡人没有文化为由，就上奏说："文臣为将帅，怯懦不敢作战，不如用出身低贱的胡人；胡人都勇敢善战，出身低贱则孤立没有党援，陛下如果真能用恩惠笼络他们的心，他们一定能够为朝廷尽力死战。"唐玄宗对李林甫的话很感兴趣，就开始重用安禄山。到了这时，各道节度使几乎都是用胡人，精兵强将都戍守在北方边疆，形成里轻外重的局面，最后使安禄山得以发动叛乱，几乎推翻唐朝的天下，这都是因为李林甫追求专宠以巩固其宰相地位的阴谋导致的。

【原文】

七载（戊子，公元748年）六月庚子，赐安禄山铁券。

九载（庚寅，公元750年）五月乙卯，赐安禄山爵东平郡王。唐将帅封王自此始。

十载（辛卯，公元751年）上命有司为安禄山治第于亲仁坊，敕令但穷壮丽，不限财力。既成，具幄帟器皿，充牣其中，有帖白檀床二，皆长丈，阔六尺；银平脱屏风，帐方丈六尺；于厨厩之物皆饰以金银，金饭罂二，银淘盆二，皆受五斗，织银丝筐及笊篱各一。他物称是。虽禁中服御之物，殆不及也。上每令中使为禄山护役，筑第及造储偫赐物，常戒之曰："胡眼大，勿令笑我。"禄山入新第，置酒，乞降墨敕请宰相至第。是日，上欲于楼下击球，遽为罢戏，命宰相赴之。日遣诸杨与之选胜游宴，侑以梨园教坊乐。上每食一物稍美，或后苑校猎获鲜禽，辄遣中使走马赐之，络绎于路。

【注释】

铁券：古代皇帝赐给功臣的一种免罪符。功臣本人及其子孙如遇犯罪，可持铁券为证，予以赦免。券用铁铸成，取其坚久。或作丹书铁契、金书铁券。

储偫：储备。

墨敕：墨笔所写的诏敕，由皇帝直接颁发给受诏者。

侑以梨园教坊乐：侑，劝人饮食、陪侍。梨园，唐玄宗亲自教习伶人之处，伶人称“梨园弟子”。教坊，即内教坊，唐高祖武德中置于宫廷，掌教习音乐，典管倡优，隶属于太常寺；玄宗时又置，选宦官为教坊使，不复隶太常。梨园教坊乐，即皇家乐队。

【译文】

七载（戊子，公元748年）六月庚子（初一），唐玄宗赐给安禄山享有特权的铁制契书。九载（庚寅，公元750年）五月乙卯（二十八日），唐玄宗赐给安禄山东平郡王爵位。唐朝将帅封王从此开始了。

十载（辛卯，公元751年）唐玄宗命令主管建造的大臣为安禄山在亲仁坊建造宅第，并下敕书说不管耗费多少钱财，越壮丽越好。宅第造成后，又装饰了各种幄帐，放置了很多器物，宅屋都放满了。其中有帖白檀香木床两个，都是长一丈，宽六尺；用银平脱工艺制成的屏风，长宽一丈六尺；厨房和马厩中所用的物品都用金银装饰，其中有金饭罂两个，银淘盆两个，都能装五斗粮；还有织银丝筐和笊篱各一个。其他器物还有许多。即使是宫禁中皇上所使用的器物，恐怕都比不上这里的。唐玄宗命令宦官监工，在建造宅第和制作屋中所用的器物时，唐玄宗常常告诫他们说："胡人大方，不要让人笑我小气。"安禄山住进新建的宅第后，设置酒宴，并请求玄宗降下敕书让宰相至宅第赴宴。这一天，唐玄宗原来准备在楼下打马球，却立刻取消了游戏，命令宰相去赴会。又每天让杨家的人与安禄山选择风景优美的地方游玩宴会，并让梨园弟子和教坊乐队陪伴。唐玄宗每吃到一种鲜美的食物，或者在后苑中猎获了鲜禽，都要派宦官骑马赐给安禄山，以至走马络绎不绝于路。

【原文】

安禄山求兼河东节度。二月丙辰，以河东节度使韩休珉为左羽林将军，以禄山代之。户部郎中吉温见禄山有宠，又附之，约为兄弟。禄山既兼领三镇，赏刑已出，日益骄恣。自以曩时不拜太子，见上春秋高，颇内惧，又见武备堕驰，有轻中国之心。孔目官严庄、掌书记高尚因为之解图谶，劝之作乱。禄山养同罗、奚、契丹降者八千余人，谓之“曳落河”。曳落河者，胡言壮士也。及家僮百余人，皆骁勇善战，一可当百。又畜战马数万匹，多聚兵仗，分遣商胡诣诸道贩鬻，岁输珍货数百万。私作绯紫袍、鱼袋，以百万计。

【注释】

吉温：唐河南府（今河南洛阳）人，著名酷吏。天宝初，任新丰丞、万年尉，与罗希奭助李林甫屡兴大狱，时称“罗钳吉网”。后媚附安禄山，被引任为河东节度副使。杨国忠为相，恨其依附安禄山，贬杀之。

曩时：往时、从前。

孔目官严庄、掌书记高尚：孔目官，唐代使司衙前吏职，谓凡使司事务，一孔一目皆须经其手，故名。严庄，安禄山的重要谋士，与高尚、张通儒、孙孝哲等人都是安禄山的心腹。掌书记，唐代使府幕僚，位在节度判官之下，典掌笺奏文书。高尚，本名不危，唐雍奴（今河北武清）人。有才学，贫困不得志，安禄山引为幕僚，掌机密。禄山称帝，任为侍中。后被史思明所杀。

同罗：古族名，回纥部落联盟的外九部（九姓铁勒）之一，游牧于今蒙古国土拉河北，素以骁勇善战闻名。

【译文】

安禄山请求兼任河中节度使。二月丙辰（初二），唐玄宗任命河东节度使韩休珉为左羽林将军，由安禄山代韩休珉任河东节度使。户部郎中吉温见安禄山受到唐玄宗的宠信，又依附安禄山，与他结拜为兄弟。安禄山兼任范阳、平卢、河东三镇节度使，赏罚由自己做主，日益骄横放纵。自认为过去见太子没有下拜，如今唐玄宗年事已高，内心十分恐惧。又看到唐朝的武备松弛，有轻视中原朝廷之心。孔目官严庄和掌书记高尚借机为他讲解预卜吉凶祸福的图谶，劝他起兵反叛。安禄山豢养了同罗、奚、契丹投降来的八千多士兵，称为“曳落河”。曳落河，胡语的意思是壮士。还有家奴一百多人，这些人个个骁勇善战，可以以一当百。又畜养战马数万匹，大量地聚集军械装备，分派胡商到各地去做买卖，每年输送珍宝货物，价值数百万缗钱。暗中制作绯色、紫色的袍子和金鱼袋等，数以百万计。

【原文】

安禄山将三道兵六万以讨契丹，以奚骑二千为向导。过平卢千余里，至土护真水a，遇雨。

禄山引兵昼夜兼行三百余里，至契丹牙帐，契丹大骇。时久雨，弓弩筋胶皆弛b，大将何思德言于禄山曰："吾兵虽多，远来疲敝蕃将，实不可用，不如按甲息兵以临之，不过三日，虏必降。"禄山怒，欲斩之，思德请前驱效死。思德貌类禄山，虏争击，杀之，以为已得禄山，勇气增倍。奚复叛，与契丹合，夹击唐兵，杀伤殆尽。射禄山，中鞍，折冠簪，失履，独与麾下二十骑走；会夜，追骑解，得入师州。归罪于左贤王哥解、河东兵马使鱼承仙而斩之。

【注释】

土护真水：古水名。一作吐护真河，即今内蒙古老哈河。隋时称为托纥臣水，辽时称为陶猥思没里，皆一音之转。唐时奚族居留附近一带。

弓弩筋胶皆弛：指弓弛矢脱不可用。

【译文】

安禄山率领范阳、河东、平卢三镇兵马六万讨伐契丹，以奚族骑兵二千作为向导。过了平卢一千多里，到了土护真水，遇到大雨。安禄山率兵昼夜兼程行军三百余里，来到契丹大本营，契丹十分惊骇。当时大雨连绵，弓箭和弩机的筋胶都因淋雨而松弛，大将何思德对安禄山说："我们虽然兵多，但远道而来士卒疲劳不堪，士卒无法战斗，不如暂时休兵，只与敌人对阵，这样用不了三天，敌人必定投降。”安禄山大怒，要杀何思德，何思德请求愿为先锋以效死力。何思德长相像安禄山，契丹人争着攻打他，杀了他，以为已经杀了安禄山，士气大盛。这时奚族也背叛了唐军，与契丹合兵，前后夹击唐军，唐军死伤殆尽。敌兵用箭射安禄山，射中了安禄山的马鞍，还折断了帽簪，丢掉了鞋子，仅与部下二十个骑兵逃走。正赶上天黑，追击的骑兵松懈下来，安禄山才得以逃入师州城。安禄山把战败的罪过归咎于左贤王哥解和河东兵马使鱼承仙，杀了他们。

【原文】

甲申，以平卢兵马使史思明兼北平太守，充卢龙军使。哥舒翰素与安禄山、安思顺不协，上常和解之，使为兄弟。是冬，三人俱入朝，上使高力士宴之于城东。禄山谓翰曰：“我父胡，母突厥，公父突厥，母胡，族类颇同，何得不相亲？”

翰曰："古人云，狐向窟嗥不祥，为其忘本故也。兄苟见亲，翰敢不尽心！"禄山以为讥其胡也，大怒，骂翰曰："突厥敢尔！"翰欲应之，力士目翰，翰乃止，阳醉而散，自是为怨愈深。

【注释】

充：当，担任。

哥舒翰：突厥哥舒部落人，客居长安。初属陇右节度使王忠嗣部下，天宝六载（公元747年）代忠嗣任河西、陇右节度使，次年以破吐蕃功封平西郡王，后因病家居。安禄山反，起为兵马副元帅，统军二十万守潼关，为杨国忠所忌，被迫出战，兵败被俘，囚于洛阳，后为安庆绪所杀。安思顺：唐番将，安禄山之族兄。天宝六载（公元747年）由朔方节度充河西节度使。九载，又权知朔方节度使。素与哥舒翰不睦。次年，任河西节度使。十一载，改任朔方节度使。安禄山叛变后，朝廷罢其朔方节度使职，入为户部尚书。郭子仪和李光弼曾是他的属下。

高力士：唐玄宗朝著名宦官。高州良德（今广东高州东北）人，本姓冯，为宦官高延福养子，因姓高。玄宗时，任右监门卫将军，知内侍省事，甚见亲信，四方表奏皆经其手，权力极大。当时太子兄事之，诸皇子、公主尊呼其为翁，将相如李林甫、杨国忠、安禄山等都与他有勾结。累官至骠骑大将军，封齐国公。后随玄宗由蜀返京，于上元元年（公元760年）被肃宗放逐黔中，两年后赦归，中途病死。

【原文】

杨国忠使人说安禄山诬李林甫与阿布思谋反，禄山使阿布思部落降者诣阙，诬告林甫与阿布思约为父子。上信之，下吏按问；林甫婿谏议大夫杨齐宣惧为所累，附国忠意证成之。时林甫尚未葬，二月癸未，制削林甫官爵，子孙有官者除名，流岭南及黔中，给随身衣及粮食，自余赀产并没官；近亲及党与坐贬者五十余人。剖林甫棺，抉取含珠，褫金紫，更以小棺如庶人礼葬之。己亥，赐陈希烈爵许国公，杨国忠爵魏国公，赏其成林甫之狱也。

【注释】

杨国忠：唐蒲州永乐（今山西永济）人，杨贵妃的堂兄，玄宗朝著名奸相。本名钊，天宝初因贵妃之故，为玄宗所宠，赐名国忠，身兼十五使职，权倾内外。天宝十一载（公元752年）代李林甫为右相，仍兼领四十余使职。在位期间，专断朝政，结党营私，卖官鬻爵，又与安禄山争宠倾轧，导致后者提前反叛。安禄山反后，他随玄宗逃亡奔蜀，中途因“马嵬驿兵变”被杀。

诣：至、前往；阙：借指皇宫、朝廷。

褫：脱去，解下。

【译文】

杨国忠派人劝说安禄山，让他诬告李林甫与阿布思谋反，安禄山让阿布思部落投降的人到朝廷，诬告说李林甫与阿布思曾经结为父子。玄宗相信了，就派人去调查。李林甫的女婿谏议大夫杨齐宣怕牵连自己，就按照杨国忠的意图证明说有此事。当时李林甫还没有埋葬，二月癸未（十一日），玄宗下制书削去李林甫的官爵，子孙中有官职的被罢免，流放到岭南和黔中，只给随身穿的衣服和所吃的粮食，其余的家产全部没收。李林甫的亲戚和党羽被贬官的有五十余人。剖开李林甫的棺材，取出口中所含的珍珠，脱下金紫色衣服，换了一个小棺材，按照一般平民的礼仪埋葬了他。己亥（二十七日），玄宗赐陈希烈许国公爵位，赐杨国忠魏国公爵位，以奖赏他们揭发和处置李林甫案件一事。

【原文】

安禄山以李林甫狡猾逾已，故畏服之。及杨国忠为相，禄山视之蔑如也，由是有隙。

杨国忠欲厚结翰共排安禄山，奏以翰兼河西节度使。秋，八月戊戌，赐翰爵西平郡王。翰表侍御史裴冕为河西行军司马。

【注释】

畏服：因畏惧而服从。

蔑如：没有什么了不起。

【译文】

安禄山因为李林甫的狡猾超过自己，所以因畏惧他而服从。到杨国忠为宰相，安禄山觉着他没有什么了不起，看不起他，因此二人有矛盾。杨国忠多次说安禄山有谋反的迹象，玄宗不听。

杨国忠想和哥舒翰深交，共同对付安禄山，就奏请玄宗任命哥舒翰兼任河西节度使。秋季，八月戊戌（三十日），玄宗赐哥舒翰为西平郡王。哥舒翰上表奏请任命侍御史裴冕为河西行军司马。

【原文】

十二载（癸巳，公元753年）阿布思为回纥所破，安禄山诱其部落而降之，由是禄山精兵，天下莫及。

【译文】

十二载（癸巳，公元753年）阿布思被回纥打败，安禄山诱降了他的部落，从此安禄山的军队兵强马壮，天下没有谁能赶得上他。

【原文】

十三载（甲午，公元754年）春，正月己亥，安禄山入朝。是时杨国忠言禄山必反，且曰："陛下试召之，必不来。"上使召之，禄山闻命即至。庚子，见上于华清宫，泣曰："臣本胡人，陛下宠擢至此，为国忠所疾，臣死无日矣！"上怜之，赏赐巨万，由是益亲信禄山，国忠之言不能入矣。太子亦知禄山必反，言于上，上不听。安禄山求兼领闲厩、群牧。庚申，以禄山为闲厩、陇右群牧等使。禄山又求兼总监。壬戌，兼知总监事。禄山奏以御史中丞吉温为武部侍郎，充闲厩副使，杨国忠由是恶温。堪战者数千匹，别饲之。

己丑，安禄山奏："臣所部将士讨奚、契丹、九姓、同罗等，勋效甚多，乞不拘常格，超资加赏，仍好写告身付臣军授之。"于是除将军者五百余人、中郎将者二千余人。禄山欲反，故先以此收众心也。

三月丁酉朔，禄山辞归范阳。上解御衣以赐之，禄山受之惊喜。恐杨国忠奏留之，疾驱出关。乘船沿河而下，令船夫执绳板立于岸侧，十五里一更，昼夜兼行，日数百里，过郡县不下船。自是有言禄山反者，上皆缚送，由是人皆知其将反，无敢言者。

【注释】

擢：提拔，提升。

闲厩、群牧：皆唐代使职名。闲厩使掌畜养宫马事务；群牧使掌地方牧马事务。

总监：即群牧总监，总管唐四十八监牧马事，为群牧使的上级主管。一说指宫苑总监，掌宫苑营造及管理事务。

武部侍郎：即兵部侍郎。玄宗天宝十一载（公元752年），改称吏部为文部，兵部为武部，刑部为宪部。

九姓：指九姓回纥。

告身：任官的凭证，俗称“委任状”。

除：任命官职。

【译文】

十三载（甲午，公元754年）春季，正月己亥（初三），安禄山入朝。当时杨国忠进言说安禄山必反，并且说：“陛下试召他，他一定不会来。”玄宗派人召见安禄山，安禄山听说皇上召见立刻来了。庚子（初四），安禄山在华清宫觐见玄宗，哭诉说：“我本是一名胡人，只是受到陛下的信任才有今天，却为杨国忠所嫉恨，我恐怕死期将近，没有多少日子了！”玄宗十分怜爱他，重加赏赐，由此更加信任安禄山，杨国忠的话一点也听不进去。太子李亨也知道安禄山一定会谋反，对玄宗说了这事，玄宗不听。

安禄山请求兼任闲厩、群牧的职位。庚申

（二十四日），唐玄宗任命安禄山为闲厩、陇右群牧等使。安禄山又请求兼任群牧总监。壬戌（二十六日），安禄山兼任群牧总监。安禄山上奏请求任命御史中丞吉温为武部侍郎，担任闲厩副使。杨国忠由于这事憎恨吉温。安禄山暗中派亲信挑选善战的健壮军马几千匹，另选地方饲养。己丑（二十三日），安禄山上奏说："臣下所率领的将士讨伐奚、契丹、九姓回纥、同罗等，功勋卓著，乞请陛下能够打破常规，封官赏赐，并希望写好委任状交给我，让我在军中授予他们。"于是安禄山的部将被唐玄宗任命为将军的有五百多人，任命为中郎将的有二千多人。安禄山要谋反，所以先用这种办法收买人心。三月丁酉朔（初一），安禄山向玄宗告辞，要回范阳。玄宗脱下自己的衣服赐给他，安禄山得到玄宗的衣服十分惊喜。他恐怕杨国忠向玄宗上奏把他留在朝中，所以急忙出了潼关。然后乘船沿黄河而下，命令船夫手执挽船用的绳板立在岸边，十五里一换，昼夜兼程，日行几百里，经过郡县也不下船。从此有说安禄山谋反的人，玄宗都把他们捆绑起来送给安禄山，因此人们都知道安禄山要谋反，但没有敢说的了。

【原文】

冬，十月庚寅，上幸华清宫。

安禄山专制三道，阴蓄异志，殆将十年，以上待之厚，欲俟上晏驾然后作乱。会杨国忠与禄山不相悦，屡言禄山且反，上不听；国忠数以事激之，欲其速反以取信于上。禄山由是决意遽反，独与孔目官太仆丞严庄、掌书记、屯田员外郎高尚、将军阿史那承庆密谋，自余将佐皆莫之知，但怪其自八月以来，屡飨士卒，秣马厉兵而已。会有奏事官自京师还，禄山诈为敕书，悉召诸将示之曰："有密旨，令禄山将兵入朝讨杨国忠，诸君宜即从军。"众愕然相顾，莫敢异言。十一月甲子，禄山发所部兵及同罗、奚、契丹、室韦凡十五万众，号二十万，反于范阳。命范阳节度副使贾循守范阳，平卢节度副使吕知诲守平卢，别将高秀岩守大同。诸将皆引兵夜发。诘朝，禄山出蓟城南，大阅誓众，以讨杨国忠为名，榜军中曰："有异议煽动军人者，斩及三族！"于是引兵而南。禄山乘铁轝，步骑精锐，烟尘千里，鼓噪震地。时海内久承平，百姓累世不识兵革，猝闻范阳兵起，远近震骇。河北皆禄山统内，所过州县，望风瓦解，守令或开门出迎，或弃城窜匿，或为所擒戮，无敢拒之者。禄山先遣将军何千年、高邈将奚骑二十，声言献射生手，乘驿诣太原。乙丑，北京副留守杨光翙出迎，因劫之以去。太原具言其状。东受降城亦奏禄山反。上犹以为恶禄山者诈为之，未之信也。

【注释】

遽：急，仓促。

阿史那承庆：安史之乱时，安庆绪（安禄山之子）的宰相。唐军光复长安、洛阳后，安庆绪兵败邺郡，令阿史那承庆和亲王安守忠前去范阳征调史思明的军队。阿史那承庆和安守忠率五千精锐骑兵到了幽州城下，史思明带着数万兵马出城迎接。阿史那承庆和安守忠赤手空拳走进史思明为他们精心准备的洗尘宴。酒足饭饱的阿史那承庆和安守忠第二天就成了史思明的阶下囚。

飨：用酒食招待客人，泛指请人受用。

室韦：或作失韦，古族名。北朝时有五部，分布在今嫩江流域及黑龙江北岸一带；唐时有二十余部，各不统属，常向唐朝纳贡。

大同：即大同军，唐开元五年（公元717年）始置，隶属于河东节度使，军城在马邑县（今山西朔县东北）。

诘朝：诘，翌日、第二天；朝，早晨。诘朝，明晨、第二天早晨。

轝：同“舆”，车。

射生手：指技艺高超、能箭无虚发地射中奔驰的敌人或野兽的射手。

北京：即今山西太原。因乃唐高祖李渊起兵发祥之地，故唐代置为太原府，称北京，玄宗时为河东节度使的治所。

东受降城：唐代三受降城之一，中宗景龙二年（公元708年）张仁愿筑，在今内蒙古托克托南，隔黄河与胜州相对。

【译文】

冬季，十月庚寅（初四），玄宗前往华清宫。

安禄山一身兼任三道节度使，阴谋作乱已将近十年，只是因为玄宗待他很好，所以想等到玄宗死后再反叛。适逢杨国忠与安禄山不和，多次上言说安禄山要谋反，玄宗不听他的这些话。杨国忠又做出种种事来想激怒安禄山，使安禄山立刻反叛以取信于玄宗。安禄山为此仓促决定举兵反叛，行动前只与孔目官、太仆丞严庄和掌书记、屯田员外郎高尚以及将军阿史那承庆等人密谋，其他将领都不知道，那些将领只是觉得奇怪，安禄山为什么从八月份以来多次招待士卒，秣马厉兵，准备打仗。这时有入朝奏事的人从京师回来，安禄山就假造敕书，招来所有将领，将密诏向他们展示，说："皇上有密诏给我，让我率兵入朝讨伐杨国忠，你们要立即随军行动。"众将十分惊愕，彼此相顾而不敢反对。十一月甲子（初九），安禄山率领所统辖的三镇军马及同罗、奚、契丹、室韦兵共十五万人，号称二十万，在范阳起兵反叛。安禄山命令范阳节度副使贾循留守范阳，平卢节度副使吕知诲留守平卢，别将高秀岩守大同。其余将领都率兵连夜出发了。第二天早晨，安禄山出蓟城南门，检阅全军，召开誓师大会，以讨伐杨国忠为名，在军中发文告说："胆敢有反对出兵惑乱军心的人，灭杀他的三族！”然后率兵向南进军。安禄山坐着铁车，精锐步骑浩浩荡荡，战尘千里，鼓声震地。当时唐朝国内长治久安，老百姓几代没有经过战争，突然听说范阳起兵，远近惊骇。河北地区都在安禄山的统辖之内，叛军经过的州县望风瓦解，郡守与县令有的大开城门出来迎接敌人，有的弃城逃命，有的被叛军俘虏杀害，没有敢抵抗的人。安禄山先派将军何千年与高邈率领奚族骑兵二十名，声称是向朝廷献射生手，乘驿马到太原。乙丑（初十），太原副留守杨光翙出城迎接，被劫持而去。太原向朝廷详细报告了当时的情况。东受降城也上奏说安禄山反叛。玄宗还认为这是恨安禄山的人故意编造的，不相信真有其事。

【原文】

庚午，上闻禄山定反，乃召宰相谋之。杨国忠扬扬有德色，曰：“今反者独禄山耳，将士皆不欲也。不过旬日，必传首诣行在。”上以为然，大臣相顾失色。上遣特进毕思琛诣东京，金吾将军程千里诣河东，各简募数万人，随便团结以拒之。辛未，安西节度使封常清入朝，上问以讨贼方略，常清大言曰：“今太平积久，故人望风惮贼。然事有逆顺，势有奇变，臣请安禄山军队经过的州县都望风瓦解。走马诣东京，开府库，募骁勇，挑马棰渡河，计日取逆胡之首献阙下！”上悦。壬申，以常清为范阳、平卢节度使。常清即日乘驿诣东京募兵，旬日，得六万人；乃断河阳桥，为守御之备。

【注释】

行在：“行在所”的省称，专指皇帝行幸所至的地方。这里当指华清行宫，在今陕西临潼区南骊山西北麓，有温泉，故玄宗每年都居此过冬。

东京：即今河南洛阳。唐代以地理位置之故，称首都长安为西京，洛阳为东京，太原为北京。

程千里：玄宗时，以军功累官安西副都护，兼北庭都护，入朝任金吾将军。安禄山叛后，出任上党长史，募兵拒守河东，后城破被俘，为严庄所杀。

安西节度使：唐开元六年（公元718年）置，统龟兹、焉耆、于阗、疏勒四镇，治龟兹镇（今新疆库车）。封常清，唐蒲州（今山西永济西）人，少孤贫，曾任安西节度使高仙芝的傣属，后屡立边功，继代高仙芝之职。安禄山反叛后，玄宗命其为范阳、平卢节度使，至洛阳募兵讨叛，兵败退归高仙芝部，为监军宦官边令诚杀害。

马棰：即马鞭。

阙下：阙，指宫殿、庙陵前的高台建筑物，左右各一，两阙间有空缺，故名。阙下，即宫阙之下，借指朝廷。

河阳桥：亦称河桥，古桥名，故址在今河南孟州市西南、孟津东北黄河上，为洛阳外围戍守要地。每遇战争，攻者常夺据此桥以逼洛阳郊郭，守者常于上流纵火船以烧毁此桥。

【译文】

庚午（十五日），玄宗听说安禄山确实率兵反叛，才招来宰相商议这事。杨国忠一副得意的样子，说："现在要反叛的只是安禄山一个人，所部将士都不想反叛。不过十天，一定会把安禄山的首级送到行在。"玄宗觉得杨国忠的话有道理，大臣们听后彼此相看大惊失色。玄宗派特进毕思琛到洛阳，金吾将军程千里到河东，各招募数万人，各随便利，编组教练，以抗拒叛军。辛未（十六日），安西节度使封常清入朝，玄宗问他平叛的事，封常清夸大其词地说："现在因为天下太平已久，所以看见叛军人人都十分害怕。但事情有逆顺，形势也会不断变化。我请求立刻到洛阳，打开府库，招募勇士，然后跃马挥师渡过黄河，用不了几天就会把逆贼安禄山的首级献给朝廷！”玄宗大喜。壬申（十七日），玄宗任命封常清为范阳、平卢节度使。封常清当天就乘驿马到洛阳募兵，十天募得六万人；然后毁坏河阳桥，准备抵御叛军。

【原文】

丁丑，以荣王琬为元帅，右金吾大将军高仙芝副之，统诸军东征。出内府钱帛，于京师募兵十一万，号曰天武军，旬日而集，皆市井子弟也。十二月丙戌，高仙芝将飞骑、骑及新募兵、边兵在京师者合五万人，发长安。上遣宦者监门将军边令诚监其军，屯于陕。

【注释】

荣王琬：即李琬。玄宗第六子，初名嗣玄。开元二年三月，封为甄王。十二年三月，改名滉，封为荣王。十五年，授京兆牧，又遥领陇右节度大使。

二十三年，加开府仪同三司，余如故。二十五年，改名琬。天宝元年六月，授单于大都护。十四载十一月，安禄山反于范阳，其月制以琬为征讨元帅，高仙芝为副，令仙芝征河、陇兵募屯于陕郡以御之。数日，琬薨。琬素有雅称，风格秀整，时士庶冀琬有所成功，忽然殂谢，远近咸失望焉。

飞骑、骑：皆唐代中央禁卫军名。飞骑始置于太宗时，为京城玄武门左右屯营，以诸卫将军统领，初选府兵充任，至玄宗时改为招募。骑始置于玄宗开元中。

上遣宦者监门将军边令诚监其军：唐玄宗信任宦官，凡大将出征，常命亲信宦官随军监督，称“监军”，主将多受其牵制。

陕：唐州郡名，治所在今河南陕县。

【译文】

丁丑（二十二日），玄宗任命荣王李琬为元帅，右金吾大将军高仙芝为副元帅，统帅各路军马东征。又拿出内府中的金钱布帛，在京师招募兵士十一万，号为天武军，十天便集合起来，这些人都是市民子弟。

十二月丙戌（初一），副元帅高仙芝率领飞骑、骑及新招募的兵士，再加上留在京师的边镇兵共五万人，从长安出发。玄宗派监门将军宦官边令诚监军，大军在陕郡驻扎下来。

【原文】

高仙芝之东征也，监军边令诚数以事干之，仙芝多不从。令诚入奏事，具言仙芝、常清挠败之状，且云："常清以贼摇众，而仙芝弃陕地数百里，又盗减军士粮赐。”上大怒，癸卯，遣令诚赍敕即军中斩仙芝及常清。初，常清既败，三遣使奉表陈贼形势，上皆不之见。常清乃自驰诣阙，至渭南，敕削其官爵，令还仙芝军，白衣自效。常清草遗表曰：“臣死之后，望陛下不轻此贼，无忘臣言！”时朝议皆以为禄山狂悖，不日授首，故常清云然。令诚至潼关，先引常清，宣敕示之；常清以表附令诚上之。常清既死，陈尸蘧蒢。仙芝还，至听事，令诚索陌刀手百余人自随，乃谓仙芝曰：“大夫亦有恩命。”仙芝遽下，令诚宣敕。仙芝曰：“我遇敌而退，死则宜矣。今上戴天，下履地，谓我盗减粮赐则诬也。”时士卒在前，皆大呼称枉，其声振地，遂斩之。以将军李承光摄领其众。

【注释】

挠败：亦作“桡败”，即战败、失败之意。

渭南：唐县名，即今陕西渭南县。

白衣：本为无官爵的普通平民所穿的服装，后借指平民身份。

蘧蒢：亦作籧篨，用芦苇或竹篾编织而成的席子。

听事：亦作“厅事”，即处理公务的厅堂。

陌刀手：陌刀，即长刀；陌刀手，即手持长刀的军士，以骁勇著称。

大夫：即御史大夫。

【译文】

高仙芝率兵东征，监军边令诚多次以私事相托，高仙芝大都不听。边令诚入朝奏事，向玄宗报告了高仙芝、封常清战败的情况，并且说：“封常清借叛军的强大势力动摇军心，高仙芝丧失陕郡数百里之地，还贪污军士的粮饷。”玄宗大怒，癸卯（十八日），派边令诚手持敕书到军中杀高仙芝及封常清。起初，封常清兵败后，三次派使者入朝上表陈述叛军的形势，玄宗都不见。于是封常清就亲自骑马入朝报告，到了渭南，玄宗下敕书削去他的官职和爵位，让他回到高仙芝的军中，作为一名普通的士卒去效命。封常清草写遗表说：“我死了以后，希望陛下千万不要轻视逆贼安禄山，不要忘记我说的话！”当时朝臣都认为安禄山狂傲叛逆，用不了多长时间就会失败，所以封常清这样告诫玄宗。边令诚到了潼关，先把封常清叫来，向他宣示了敕书；封常清把自己草写的遗表交给边令诚，要他呈送玄宗。封常清被杀后，尸体陈放在一张席子上。高仙芝回到官署后，边令诚带领着陌刀手一百余人，对高仙芝说：“高大夫也有皇帝的恩命。”高仙芝听后立刻下了厅堂，边令诚遂宣示敕书。高仙芝说：“我遇到叛军没有抵抗而退却，死了是应该的。现在上有天，下有地，说我贪污士兵的粮饷，这是在诬陷我。”当时高仙芝部下的士卒都在场，都大呼高仙芝冤枉，吼声震地，边令诚还是杀了他。然后命令将军李承光代理统领军队。

【原文】

河西、陇右节度使哥舒翰病废在家，上藉其威名，且素与禄山不协，召见，拜兵马副元帅，将兵八万以讨禄山，仍敕天下四面进兵，会攻洛阳。翰以疾固辞，上不许，以田良丘为御史中丞，充行军司马，起居郎萧昕为判官，蕃将火拔归仁等各将部落以从，并仙芝旧卒，号二十万，军于潼关。翰病，不能治事，悉以军政委田良丘；良丘复不敢专决，使王思礼主骑，李承光主步，二人争长，无所统壹。翰用法严而不恤，士卒皆懈弛，无斗志。

【注释】

主骑：掌管骑兵。

达奚珣：安史之乱前任河南尹，曾疑安禄山有异谋，奏请制止禄山献马之计，后因洛阳为叛军攻陷，遂降于安禄山。

户部尚书安思顺知禄山反谋，因入朝奏之：安思顺本为安禄山的非血缘从兄弟，天宝中任河西节度使，又转朔方节度使，后受奸相杨国忠拉拢和指使，于安禄山叛前入朝奏告禄山反谋。及禄山叛起，玄宗乃不加罪于他，调任其为户部尚书，而以朔方右厢兵马使、九原太守郭子仪接任朔方节度使。

关门：指潼关东门。

郭子仪：唐华州郑县（今陕西华县）人，唐代名将。初以武举高等，累官天德军使，兼九原太守、朔方右厢兵马使。安禄山叛，代安思顺为朔方节度使，与河东节度使李光弼合军屡败史思明于河北。肃宗即位，与李光弼率军五万赴灵武，进位兵部尚书、同中书门下平章事。后拜关内、河东副元帅，军与回纥兵共同收复长安、洛阳，以功升中书令，封汾阳郡王。

代：唐州郡名，治所在今山西代县。

【译文】

河西、陇右节度使哥舒翰因病在家中休养，玄宗因他有威名，而且素来与安禄山关系不好，于是就召见他，拜为兵马副元帅，率兵八万去征讨安禄山。还下敕让各地进军，一齐攻打洛阳。哥舒翰因病坚辞不受，玄宗不答应，任命田良丘为御史中丞，担任行军司马，起居郎萧昕为判官，蕃人将领火拔归仁等都率领部落归哥舒翰指挥，再加上高仙芝原来的军队，号称二十万，守卫潼关。哥舒翰因病不能料理军务，把军政大事都交给田良丘处理。田良丘又不敢一人决定，于是就让王思礼统领骑兵，李承光统领步兵，因为二人争权，军令无法统一。哥舒翰用法严厉而不体恤士卒，士卒都意志松懈消极，没有斗志。

【原文】

郭子仪、李光弼还常山，史思明收散卒数万踵其后。子仪选骁骑更挑战，三日，至行唐，贼疲，乃退。子仪乘之，又败之于沙河。蔡希德至洛阳，安禄山复使将步骑二万人北就思明，又使牛廷玠发范阳等郡兵万余人助思明，合五万余人，而同罗、曳落河居五分之一。子仪至恒阳，思明随至，子仪深沟高垒以待之，贼来则守，去则追之，昼则耀兵，夜斫其营，贼不得休息。数日，子仪、光弼议曰："贼倦矣，可以出战。"壬午，战于嘉山，大破之，斩首四万级，捕虏千余人。思明坠马，露髻跣足步走，至暮，杖折枪归营，奔于博陵，光弼就围之，军声大振。于是河北十余郡皆杀贼守将而降。渔阳路再绝，贼往来者皆轻骑窃过，多为官军所获，将士家在渔阳者无不摇心。

【注释】

李光弼：柳城（今辽宁朝阳）契丹人，唐代名将。天宝中累官朔方节度副使。安禄山叛，任河东节度使，与郭子仪合兵屡败史思明。肃宗时，任天下兵马副元帅，率军击败安庆绪，但为史思明所败；未几，又克怀州，进攻洛阳，但为宦官鱼朝恩所牵制，复败于北邙山。代宗时，出镇徐州，封临淮郡王。常山：唐郡名，天宝中改恒州置，治所在今河北正定，为河北重镇。

行唐：唐县名，属常山郡，在今河北行唐县。

沙河：唐县名，在今河北沙河市。

蔡希德：安史之乱时史思明手下部将。安禄山叛乱时，蔡希德随史思明攻击太原。

恒阳：唐县名，在今河北曲阳。

嘉山：古山名，在今河北曲阳境内。

博陵：唐郡名，天宝中改深州置，治所在今河北安平。

渔阳：唐郡名，天宝中改蓟州置，治所在今天津蓟县。这里系指幽州范阳郡（治今北京市西南）。因蓟州渔阳郡原从幽州范阳郡分置，范阳节度使尽统幽、蓟等州，安禄山的大本营也在范阳，故唐人多把范阳通称为渔阳。

【译文】

郭子仪与李光弼率兵退回常山，史思明收罗散兵数万随后追击，郭子仪挑选骁勇善战的骑兵轮番挑战，三天后，到了行唐县，叛军疲劳，无力再战，就退兵了。郭子仪乘机出击，又败叛军于沙河市。蔡希德到了洛阳，安禄山又让他率领步、骑兵两万人向北靠近史思明，又派牛廷玠发范阳等郡兵一万多人增援史思明，合兵五万多人，其中同罗、曳落河的兵力占五分之一。

郭子仪抵达恒阳，史思明也率兵随后赶到，郭子仪依靠深沟高垒对付叛军，如果叛军来攻就固守，撤兵就追击，白天以大兵向叛军炫耀武力，夜里则派部队袭击敌营，使叛军不得安宁。这样持续了数天，郭子仪与李光弼商议说："叛军已经疲劳，现在可以出战了。"壬午（二十九日），两军战于嘉山，唐军大败叛军，斩杀叛军四万多人，俘获一千多人。史思明从马上坠落下来，发髻散乱，赤脚步行而逃，到了晚上，拄着折断的长枪回到军营，然后又逃往博陵。李光弼率兵包围博陵，军势大振。于是河北地区原先被叛军占据的十多个州郡都杀了叛军的守将而归降朝廷。范阳的归路再次被切断，叛军往来都是轻骑偷偷地通过，大多被官军俘获，家在范阳的叛军将士军心没有不动摇的。

【原文】

禄山大惧，召高尚、严庄诟之曰："汝数年教我反，以为万全。今守潼关，数月不能进，北路已绝，诸军四合，吾所有者止汴、郑数州而已，万全何在？汝自今勿来见我！"尚、庄惧，数日不敢见。田乾真自关下来，为尚、庄说禄山曰："自古帝王经营大业，皆有胜败，岂能一举而成！今四方军垒虽多，皆新募乌合之众，未更行陈，岂能敌我蓟北劲锐之兵，何足深忧！尚、庄皆佐命元勋，陛下一旦绝之，使诸将闻之，谁不内惧！若上下离心，臣窃为陛下危之！"

禄山喜曰："阿浩，汝能豁我心事。"即召尚、庄，置酒酣宴，自为之歌以侑酒，待之如初。阿浩，乾真小字也。禄山议弃洛阳，走归范阳，计未决。

【注释】

田乾真：文武双全，是叛军中有名的骁将。很受安禄山器重。公元755年，安禄山叛乱，田乾真随同叛军南下，攻取洛阳，之后，又跟随崔乾佑屯兵陕郡，谋划攻取潼关。

侑酒：劝酒，为饮酒者助兴。

【译文】

安禄山十分恐惧，招来高尚、严庄，骂道：“你们数年来都劝我反叛，认为一定能够成功。现在大军被阻于潼关，数月不能攻破，北归的路也被切断，官军正四面八方朝这里涌来，我们占据的只有汴州、郑州等几个州郡，如何能够取胜呢？从现在起你们不要来见我！”高尚、严庄听后极为害怕，好多天都不敢去见安禄山。这时田乾真从潼关回来，为高尚、严庄说话，劝安禄山说："自古以来，帝王要成就大事业的，都有胜有败，怎么能够指望一举成功呢！现在四面八方的官军虽然多，但都是新招募的乌合之众，没有经过战阵，怎么能够敌得过我们蓟北的精兵强将，何必担忧呢！高尚、严庄都是跟随您多年的功臣元勋，陛下就这样一下子把他们抛弃，让诸将知道了这事，哪一个心中不恐惧呢！如果上下不是一条心了，我觉得陛下的处境就危险了！"安禄山听后高兴地说："阿浩，你真能体会我的心事。"于是就把高尚与严庄招来，摆设宴席招待他们，安禄山还亲自为他们唱歌劝酒，仍像以前那样对待他们。阿浩是田乾真的小名。安禄山打算放弃洛阳，率军回保范阳，但没有最后决定。